TROTZDEM ♀

TEORIA DA CLASSE INADEQUADA

TROTZDEM 9 Raffaele Alberto Ventura
Teoria da classe inadequada
Teoria della classe disagiata
© Editora Âyiné, 2022
© Raffaele Alberto Ventura, 2017
© minimum fax, 2017
Publicado por acordo especial com Berla & Griffini Agência Literária
Todos os direitos reservados
Tradução: Vinícius Nicastro Honesko
Preparação: Andrea Stahel
Revisão: Fernanda Alvares, Tamara Sender
Projeto gráfico: Luísa Rabello
Produção gráfica: Clarice G Lacerda
ISBN: 978-65-5998-036-9

Âyiné Direção editorial: Pedro Fonseca
Coordenação editorial: Luísa Rabello
Coordenação de comunicação: Clara Dias
Assistente de comunicação: Ana Carolina Romero
Assistente de design: Lila Bittencourt
Conselho editorial: Simone Cristoforetti,
Zuane Fabbris e Lucas Mendes
Praça Carlos Chagas, 49 — 2º andar
30170-140 Belo Horizonte, MG
+55 31 3291-4164
www.ayine.com.br
info@ayine.com.br

TEORIA DA CLASSE INADEQUADA

RAFFAELE ALBERTO VENTURA

Tradução
VINÍCIUS NICASTRO HONESKO

Âyiné

SUMÁRIO

11   **NOTA DO TRADUTOR**

13   **PREMISSA**

1. A CÂMERA ESCURA
- 19   Da classe adequada à classe inadequada
- 25   Os limites sociais do reconhecimento
- 34   Um quarto todo para si
- 44   Miséria do bovarismo

2. ASCENSÃO E DECLÍNIO DA CLASSE CONSUMIDORA
- 53   A grande ilusão
- 57   Crescimento e estagnação
- 63   Tempo ganho
- 72   A pobreza na abundância
- 77   Os cinco estágios do colapso
- 83   A superprodução das elites

3. A COMÉDIA DA DÍVIDA
- 93   Siga aquele carro!
- 102   A vida era maravilhosa
- 115   Reencontrar o crédito
- 124   Disforia de classe

4. USER GENERATED CULTURE
133 A indústria cultural e seus inimigos
141 A fábrica do dissenso
147 Jogo duplo
153 Dos editores às plataformas
157 Nascimento do prossumidor

5. O DILEMA DO BOA-VIDA
169 A rivalidade dos iguais
176 Abaixo a escola
186 Ordem educacional e efeitos perversos
197 Pensar como ricos e viver como pobres
204 Geração Betamax

6. O TEMPO DA ANOMIA
211 Eutanásia de uma classe social
234 Como num espelho
245 A cauda longa do ressentimento
251 *Breaking Bad*

EPÍLOGO
257 O jardim das cerejeiras

265 **CONSIDERAÇÕES DE UM JOVEM POR OCASIÃO DA ESCOLHA DE UMA PROFISSÃO, DE KARL MARX**

273 **AGRADECIMENTOS**

As coisas do espírito jamais são tão inocentes como, por exemplo, comer chocolate ou provar uma torta de maçã.

Robert Walser

NOTA DO TRADUTOR

Segundo a enciclopédia *Treccani*, o termo *agio* advém do provençal *aise* (*aize*), que, por sua vez, etimologicamente se liga ao latim *adiacens*. Nas definições lemos:

> 1. a. Comodidade, especialmente nas locuções «*essere, stare, trovarsi ad agio, a proprio agio*», estar cômodo, encontrar-se bem. Às vezes referindo-se ao tempo disponível: *podes fazer teu trabalho a teu «agio»* (também «*con agio, a tutt'agio, a bell'agio*»), com comodidade, sem pressa. b. Faculdade, oportunidade: «*dar agio, avere agio di fare una cosa*». 2. No plural, o conjunto das comodidades da vida, o bem-estar material e o prazer que deste se retira: «*vivere tra gli agi.; godere di tutti gli agi della ricchezza; essendo io negli agi e negli ozii*» (Boccaccio). Também, literário, ócio, repouso: «*vi furono bevande, Frutti, musiche pe' nostri agi*» (D'Annunzio). 3. Antigo. Necessidade corporal e também lugar cômodo, lugar de decência. 4. Na mecânica, pequeno espaço, jogo que se deixa entre duas peças: *a peça não gira bem porque não tem «agio»*.

Em português, o termo *agio* encontra como correlato próximo *azo*, que tem a mesma origem etimológica e, de certo modo, alguns usos similares, sobretudo no sentido de «oportunidade», em expressões como «dar azo a».[1] Contudo, os sentidos de bem-estar, comodidade, repouso não são contemplados em *azo*. Ademais, tanto *agio* quanto seu correlato negativo, *disagio*, são de uso muito comum no italiano cotidiano, algo que não acontece com as expressões com azo em português.

Dito isso, neste livro, o *disagio* que qualifica a classe carrega um pouco de cada um dos sentidos apresentados pela enciclopédia *Treccani*. A classe *disagiata* é a classe *inoportuna, incomodada, desacomodada, em mal-estar, cansada, inadequada*. Não há razões específicas para optar por um termo em detrimento dos outros sem cair de algum modo ou numa exclusão ou num ligeiro desvio. Porém, diante da inequívoca necessidade de me restringir a um termo, optei por *inadequada*, o que, por certo, não gostaria que fosse uma restrição às demais possibilidades quando da leitura do texto.

---

[1] Remeto aqui à nota de tradução de Cláudio Oliveira ao texto «*Agio*», de Giorgio Agamben, presente no livro *A Comunidade que vem* (Belo Horizonte: Autêntica, 2013, p. 38).

PREMISSA

    Este livro começa por mim, e isso é como dizer que começa por nós. Começa com um lamento que é o lamento de toda uma geração, ou, talvez, de uma classe singular nessa geração: nós não fomos preparados para essa vida amarga, mas para outra, uma vida maravilhosa. O problema é que essa vida não existe. É trágico e é cômico, não? Alguém disse que fomos educados para transgredir os limites; outros dizem que os limites devem ser conhecidos e respeitados. Nossa tragédia, digo, é que *já não estamos* dentro desses limites. É como a história de Auguste Langlois, sabem?

    Uma noite, o duque Jean des Esseintes se apresentou num bordel junto com um jovem de origem humilde, Auguste Langlois, justamente, que foi pego na rua e embriagado para valer. Tão logo o jovem foi para um quarto com uma moça, o duque se dirige à dona do bordel, Madame Laura, para expor seu plano maquiavélico: «A verdade é que estou simplesmente construindo um assassino». Naquele momento e ainda por alguns poucos minutos, o rapaz é virgem e chegou à idade em que começa a ferver o sangue, começam a pulular os hormônios. «Poderia dirigir esse desejo para as mulheres de sua condição», assinala Des Esseintes, «e contentar-se com a pequena cota de monótona felicidade que a sociedade reserva aos pobres. Pelo contrário, neste lugar de perdição ele descobrirá luxos que jamais teria imaginado e que permanecerão esculpidos para sempre em sua memória.»

O duque acompanhará Auguste ao bordel a cada quinze dias, para que o rapaz acabe se acostumando com os prazeres que não poderia se permitir: segundo seu diabólico cálculo, depois de três meses, aqueles prazeres se tornariam absolutamente irrenunciáveis para ele, e a frequência com que vai ao bordel já não será suficiente para saciá-lo. Justamente nesse ponto, Des Esseintes deixará de financiá-lo: «E então ele roubará para continuar a vir neste bordel! Fará todo tipo de loucura para poder rolar neste sofá! E, por fim, obrigado à rapina, espero que mate alguém!». Assim o duque conseguiria seu objetivo: «Criar um vilão, um novo inimigo para esta odiosa sociedade».

Para tornar um homem infeliz, sugere Des Esseintes, basta habituá-lo a um estilo de vida que não pode ter: a infelicidade alimentará seu ressentimento em relação à sociedade, incapaz de garantir necessidades que se tornaram absolutamente indispensáveis. E o ressentimento fomentará a revolta. Por sorte, Des Esseintes é apenas o personagem de um romance escrito em 1884 por Joris-Karl Huysmans, *Contracorrente*, e sádicos como ele não existem de verdade... Sabe-se, todavia, que o caminho para o inferno está cheio de boas intenções. Para obter o mesmo resultado, fomos confiados, nós, à escola obrigatória, à propaganda da indústria cultural e aos ensinamentos dos intelectuais, fatos que nos educaram desde pequenos nos luxos do espírito e na dissimulação de tudo o que, à nossa volta, é «econômico» — isto é, a realidade que nos espera fora do bordel. Agora que estamos no meio disso, gostaríamos de ter compreendido antes a armadilha em que estávamos entrando.

O objetivo deste livro é reencontrar essa dimensão removida para compreender a crise que estamos vivendo: reencontrá-la *atrás* de nossa relação ideológica com o consumo e com o trabalho cultural, mas também *dentro* desse vasto arquivo de metáforas — romanescas, filosóficas, fílmicas, teatrais — que acumulamos em tantos anos de divagações humanísticas. É necessário compreender por que, como Auguste Langlois, fomos deixados empolgados nesse bordel e, hoje, nos encontramos transformados em vilões... E isso não é pouca coisa, uma vez que o ressentimento é, hoje, o poderoso combustível que faz girar a máquina do capitalismo tardio, produzindo uma concorrência desesperada e custosa. As primeiras vítimas desse mecanismo são todos aqueles que, não podendo investir infinitamente tempo e recursos, são obrigados a jogar a toalha no meio do caminho: as classes subalternas, para as quais a mobilidade social se tornou hoje mais difícil do que depois do pós-guerra, e as mulheres, obrigadas a uma escolha entre a família e a carreira que para o gênero masculino se colocou de maneira menos urgente.

Lendo a economia como se fosse literatura e a literatura como se fosse economia, de Goldoni a Keynes, de Marx a Balzac, este texto gostaria de ser uma autocrítica impiedosa, mas se deixa, com alegria, consumar por uma veia melancólica; nasce como ato de acusação, mas com frequência soa como arenga defensiva. No caminho, tenta desconstruir o papel das instituições laicas que continuamos a venerar: a escola, a universidade, a indústria cultural e a rede social. Publicada em rede e depois continuamente remanejada, a *Teoria da classe inadequada* se tornou um pequeno culto de seita e até mesmo pariu um ciclo de seminários em diversas cidades antes de ser totalmente revista e complementada para esta primeira edição impressa, que marca o coroamento de uma das principais aspirações de todo jovem, autoproclamado intelectual, que se respeite: *ser publicado*. Agora, só resta ser lido.

Para falar de tudo isso é necessário começar de longe. Antes de tudo, definindo, no primeiro capítulo, a classe inadequada que dá título ao livro. O segundo capítulo descreve o lento colapso da economia do pós-guerra e remonta às instituições medievais de Ibne Caldune sobre os ciclos de crescimento e estagnação. O terceiro narra a crise que estamos vivendo como uma comédia da dívida na qual há séculos se enfrentam pais avaros e filhos corrompidos — comédia, ou tragédia, que culmina no triunfo de um sistema econômico que elegeu o consumo improdutivo como seu principal dispositivo de regulação. O quarto descreve as grandes fases da história da indústria cultural, que alcança o ápice na aparição da figura do prossumidor [*prosumer*], consumidor fantasiado de produtor, profeta de um mundo sonhado onde todos poderemos realizar nossas aspirações flutuando numa nuvem de riqueza autogerada. O quinto descreve os efeitos perversos de um modelo social que, com o pretexto de distribuir suas oportunidades a cada um, acaba por condenar os indivíduos a uma competição fratricida na qual são queimadas imensas reservas. Por fim, o sexto elenca as consequências sociais, políticas e demográficas da crise desse modelo no momento em que o conflito trágico entre realidade e expectativas produz o veneno do ressentimento.

Nesses seis movimentos, quero descrever a condição daquela grande parte da classe média que no arco de uma geração passou de classe adequada, segundo a definição de Thorstein Veblen, a classe *inadequada*: ou melhor, demasiado rica para renunciar às próprias aspirações, mas muito pobre para poder realizá-las. Enquanto essa tragédia existencial é encenada, em tudo e por tudo similar ao «drama burguês» que aprendemos a conhecer no teatro, nos bastidores se vê o trabalho de senhorio do qual depende nosso bem-estar frágil e paradoxal — aquela parte da geração sobre a qual ninguém jamais fala.

Quanto a mim, uma vez que no fundo é também sobre mim que fala este livro, gostaria de me apresentar com as palavras de um personagem de Tchekhov, e certamente não o último com que cruzaremos nas próximas páginas, o patético protagonista do monólogo *Os males do tabaco*:

> Eu, para dizer a verdade, não sou um professor e sou estranho à carreira acadêmica, mas, não obstante, há trinta anos ininterruptamente, a despeito de minha saúde, trabalho em questões de caráter estritamente científico, medito e até mesmo, imagine você, também escrevo artigos científicos; melhor dizendo, não propriamente científicos, mas, digamos, de caráter quase científico.[2]

Peço compreensão aos especialistas — de sociologia, de economia, de história, de crítica literária, de filosofia... — que me acusarão de invadir seus territórios protegidos: não encontrei as respostas para minhas perguntas em seus livros, e tive de procurá-las sozinho. Mas sobretudo peço a compreensão de todos os amigos «inadequados» que não compreendem por que julgo com tanta dureza nossos ideais e com tanta severidade nossas escolhas. A classe consumidora acabará sendo consumida, mas isso não será talvez em vão. É precisamente desse mal-estar que nasce *Teoria da classe inadequada*: como testemunho de uma

---

[2] No que diz respeito às citações, como o autor não faz referência às fontes, o tradutor optou por traduzi-las diretamente do texto mesmo quando já se encontram traduções disponíveis em português. [N. E.]

derrota, talvez também como autoanálise, se possível até mesmo como mapa para orientar quem encara a vida adulta carregado de expectativas. Se me perguntam quais esperanças me restam, respondo como Kafka: há muita esperança, mas nenhuma para nós. Já vêm novos homens e novas mulheres, mais desesperados e menos frágeis, para tomarem o mundo que deixaremos. É a eles que este livro é dedicado.

1. A CÂMERA ESCURA

A realização pessoal de um burguês não vale o dinheiro que custa.
Francesco Pacifico, *Class*

DA CLASSE ADEQUADA À CLASSE INADEQUADA

De modo contrário ao que sustentam os financistas, a economia não é sempre racional. Como num conto de horror de Lovecraft, algo antigo, *tribal,* continua a desabrochar sob sua casca: é o inconsciente das classes que fala por meio de nossas ações. As escolhas individuais com frequência fogem à lógica da utilidade marginal, não respeitam a hierarquia das necessidades, e por vezes são abertamente incoerentes. A culpa é, entre outras coisas, do efeito Veblen.

No geral, a demanda de um bem aumenta ao diminuir seu preço, e é muito intuitivo compreender o porquê: quem gostaria de pagar mais se pode pagar menos? Mas existe um tipo particular de bem, isto é, os bens de luxo, justamente os bens Veblen, que funcionam de forma contrária: sua demanda *cresce* ao aumentar o preço. O mundo está cheio de pessoas muito contentes em pagar por certo produto um custo muito superior a seu valor de uso porque é justamente o preço exclusivo que torna atrativos uma bolsa ou um relógio de pulso, para fazer deles (como se diz) um *status symbol*. Assim, o preço se torna uma das características salientes do bem que compramos; é quase possível dizer que não estamos comprando uma mercadoria, mas seu preço. De fato, quem usa um relógio de ouro não está ostentando esse relógio, mas seu *valor de troca simbólico*.

Podemos nos iludir dizendo que esse fenômeno diz respeito apenas a certas pessoas muito ricas, ou mesmo a uma categoria específica de ricos que compensa sua própria saúde econômica com alguns sérios distúrbios de personalidade. Podemos pensar, por exemplo, nos «Rich Kids of Instagram», nome de uma página que recolhe os testemunhos visuais do exibicionismo das jovens elites de todo o mundo. Mas por trás do bug aninhado nas leis da microeconomia se esconde toda uma teoria da sociedade; uma teoria que explica grande parte de nossas decisões — mesmo asdaqueles dentre nós que não têm um relógio de ouro e que à «riqueza» exibida preferimos os valores supostamente ascéticos dos estratos médios reflexivos. Trata-se da *Teoria da classe adequada*,[3] de Thorstein Veblen, economista americano de origem norueguesa e forte cultura protestante, que, querendo descrever a burguesia americana de seu tempo (1899), consegue dar os instrumentos para compreender nosso presente. Porque o efeito Veblen tem um corolário trágico: por gastar uma quantidade crescente de recursos para afirmar nosso status, o risco é simplesmente o de nos arruinarmos e passarmos, num piscar de olhos, da classe adequada à classe *inadequada*.

Jean Baudrillard escreveu, num breve artigo de 1969 intitulado «A gênese ideológica das necessidades» — depois incluído

---

[3] Esta é a tradução do título que a obra recebeu na tradução italiana — *Teoria della classe agiata*. O título que ela recebeu na edição brasileira foi *Teoria da classe ociosa*. [N. T.]

em *Para uma crítica da economia política do signo* —, que a intuição de Veblen estava no centro da compreensão da lógica interna da sociedade de consumo. É claro, tudo depende do que entendemos por luxo e se somos capazes de distingui-lo «objetivamente» da simples necessidade. A *Teoria da classe adequada*, de Veblen, era uma fotografia impiedosa de uma classe ociosa e improdutiva (no original: «*leisure class*») comprometida em competir pelo prestígio por meio da exibição dos próprios consumos, ditos «vistosos» ou «ostentatórios». Mas à classe média contemporânea não basta recobrir-se de ouro e pedras preciosas como seus antepassados bárbaros, porque os luxos descritos por Veblen são com frequência *imateriais*. Há um século, o sociólogo citava aleatoriamente: o conhecimento das línguas mortas, dos diversos gêneros musicais ou das últimas novidades da moda... Hoje falaríamos de educação de ensino médio ou de atividades culturais, espantados que alguém pudesse considerá-los de maneira tão desrespeitosa. Que estudante de filosofia poderia considerar um *luxo* a própria disciplina? Num artigo de 1941, Adorno definiu a teoria de Veblen como um «ataque à cultura». É evidente que a questão é mais complexa do que uma simples oposição entre útil e inútil. Na classe adequada, e, portanto, também na inadequada, os consumos ostentatórios são a mercadoria mais preciosa porque servem para estabelecer os papéis sociais e o acesso aos recursos. Trata-se de uma *lógica da diferenciação* que constitui, segundo Baudrillard, nada menos que a lei fundamental de nossa sociedade. Nos mesmos anos, Pierre Bourdieu desenvolve o conceito de «distinção» e transfere para a linguagem da sociologia a metáfora econômica do capital para falar de «capital social» ou «capital simbólico», que é acumulado e trocado por meio da ostentação de certos consumos culturais.

Ainda assim, Veblen define como *improdutivos* esses consumos: segundo ele, são atividades que servem para testemunhar publicamente o fato de que quem os pratica é *porque pode se permitir*. Parece uma banalidade, mas é preciso lembrar: estudar, aprender um ofício ou uma arte, frequentar os lugares certos são atividades *custosas* porque consomem tempo e incorporam o trabalho de outras pessoas. Trata-se com frequência de custos indiretos, ocultos, devolvidos, redistribuídos, despendidos em outros lugares; entretanto, em algum lugar, mais cedo ou mais tarde, alguém pagou ou pagará. É esse o paradoxo que os fantasiosos pós-operaístas se obstinam em não ver; os mesmos pós-operaístas que sustentam que essas operações de *consumo* — trata-se também da criação de memes no Facebook — estão à altura de gerar uma mais-valia e devem, por isso, ser remuneradas. Ao contrário, é preciso lembrar que por trás de cada uma dessas atividades há uma *destruição* de recursos frequentemente muito mais importantes do que o valor agregado gerado. É claro que é trabalhoso, é claro que transformam uma quantidade impressionante de capital simbólico acumulado, é claro que este é produzido novamente e ninguém pode saber o que restará dele em dez ou cem anos: mas, de fato, desde que o mundo é mundo o *desperdício* é o motor da inovação, ou melhor, uma aposta no futuro que tem muito mais possibilidades de fracassar do que de triunfar.

O conceito de classe inadequada que proponho inclui um amplo espectro de casos humanos, todos caracterizados pela experiência disfórica da mobilidade descendente: do nobre rebaixado ao filho da pequena burguesia que toma consciência da falência de seu projeto de ascensão social, do «criativo» que acumula visibilidade na esperança de abrir caminho num setor superlotado até o trabalhador assalariado que vê o próprio setor ameaçado pelo progresso tecnológico ou pelos deslocamentos, passando por todos que, violentando as próprias inclinações, conseguem garantir um relativo bem-estar material entrando talvez numa espiral de estresse e depressão. A classe inadequada são os desempregados que esperam que um posto de trabalho no setor para o qual foram formados — seja a condução de carroças, seja o cinema mudo —, mas também os empregados que juram todo dia, mês a mês, ano a ano, que seu empenho é apenas «temporário» e «alimentar». São os precários que se tornam «empreendedores de si mesmos» por escolha ou por necessidade, membros da categoria que Silvio Lorusso definiu como *entreprecariat*, mas também os estudantes que esperam realizar o futuro que creem merecer. Em todos se produz a discrepância entre identidade social percebida e recursos disponíveis que caracteriza a classe inadequada. Trata-se de uma condição existencial que pode ser encontrada em todas as épocas: nos anos 1950 de Luciano Bianciardi, que às decepções do «trabalho cultural» dedicou escritos iluminadores, mas até mesmo na Veneza do século XVII ou no Medievo islâmico; como veremos, em suma, toda vez que uma geração se interroga sobre seu próprio lugar no mundo. Se quisemos partir de Veblen para reutilizar um termo, *inadequado*, com frequência usado em acepção distinta — para indicar uma pobreza genérica —, é porque a economia do status é fundamental para compreender *outra* pobreza. Trata-se da *miséria relativa* crescente que na sociedade burguesa coexiste com a abundância.

A classe inadequada, como veremos, está como que presa numa educação que a obriga a desejar uma existência que ela não pode se permitir, ao menos a longo termo. À primeira vista, nossa pirâmide de necessidades está visivelmente invertida, com certas necessidades ostentatórias (o que Abraham Maslow chamava «autorrealização») que têm precedência diante de necessidades primárias como alimentação, saúde, segurança. O escritor Tommaso Labranca fez uma caricatura dessa inversão num livro de 2002, *Neoproletariado,* descrevendo hordas de *nouveaux riches* indigentes indo de Mercedes ao supermercado. Mas ainda mais tragicômico somos nós, diplomados, que nos condenamos a um futuro de miséria — econômica ou espiritual, à escolha — para não desistir de nossos modos cavalheirescos. O sistema de pensões como o conhecemos hoje não existirá mais quando formos velhos: e então? Essa terrível perspectiva suscita no máximo algumas ironias e não parece de modo algum inspirar escolhas drásticas de vida: não conseguimos nem mesmo *imaginar* a miséria. Os mais pragmáticos entre nós escolherão um compromisso com a realidade, ou melhor, a condenação a uma vida cotidiana feita de cansaço, tédio, humilhação e ressentimento, em suma, ao assim chamado «sucesso».

Em seus estudos sobre o precariado, e em particular no manifesto *Tornar-se cidadão,* de 2014, Guy Standing descreveu a «frustração de status» que aflige a geração das pessoas atualmente entre vinte e trinta anos convencidas de que lhes havia sido prometida uma vida profissional muito distinta. Às mesmas conclusões chegaram os sociólogos Mike Savage e Fiona Devine em um imponente estudo sobre as classes no Reino Unido, conduzido a partir de 2013, que reconhece a emergência de novas categorias caracterizadas pela combinação inédita de diferentes tipos de capital — econômico, social, cultural — e por isso empenhadas em «negociar» de maneira muitas vezes traumática a própria identidade. Em cada uma de suas encarnações, a classe inadequada combina os traços da burguesia — sobretudo sua ideologia — com outros traços mais tipicamente proletários, como a percepção de ser explorados e ameaçados por um «exército de reserva» de trabalhadores ainda mais desesperados. Por trás da narrativa lendária que aparece nos primeiros anos do século XXI sobre o terciário avançado, começou-se a ver o reverso da moeda — que na Itália Bertram Niessen ilustra em suas pesquisas —, ou melhor, a instabilidade econômica e suas inumeráveis consequências existenciais. «A proliferação de regimes retóricos construídos em torno das Indústrias Culturais e Criativas», escreve Niessen em um artigo incluído no volume *Capitalismo de plataforma e confins do trabalho nos espaços digitais*, «construiu um imaginário coletivo segundo o qual as novas profissões ligadas às criatividades teriam permitido não apenas uma plena realização das próprias expectativas identitárias, mas também daquelas econômicas. Isso não aconteceu exatamente desse modo».

OS LIMITES SOCIAIS DO RECONHECIMENTO

Assim, aqueles que nos dão lição de moral ou quem nos convida a não deixar de sonhar estão corretos? Têm razão ambos e ambos estão errados, e essa é a tragédia. A verdade é que os *status symbols* são, no fim das contas, muito mais preciosos do que os bens normais: são nosso suporte para «permanecer no clube» ou tentar resistir ao desclassamento e às suas concretíssimas consequências. No fundo, é a mesma hierarquia das necessidades (primárias, secundárias, supérfluas...) que é ideológica, isto é, cultural, como escrevia Baudrillard. Para ele, não existe um «mínimo vital antropológico»: em cada sociedade esse mínimo é definido *ex post* como o resíduo deixado por um excedente que na realidade o precede. Esse excedente é a parte consagrada a

Deus, a parte sacrificada, o consumo vistoso, ou, também, simplesmente o lucro econômico: «é esse luxo que determina negativamente o nível da sobrevivência, não o contrário». De fato, «um excedente enorme pode coexistir com a mais terrível miséria». Escreve ainda Baudrillard:

> É impossível isolar um estado abstrato, «natural», da penúria e determinar em absoluto «o que serve para as pessoas viverem». Seria conveniente, para uns, perder todas suas posses jogando pôquer e deixar sua família morrer de fome. [...] Por outro lado, justamente como o limiar de sobrevivência pode descer para baixo do mínimo vital se a produção do excedente o requer, o limiar de consumo mínimo pode se situar muito acima do mínimo necessário, sempre em função das necessidades de produção de mais-valia: é o caso de nossas sociedades, nas quais ninguém está livre de viver apenas de raízes e água pura.

Com efeito, seria um erro considerar que essa corrida ao consumo vistoso seja animada pela pura e simples vaidade: a classe inadequada compete porque esse jogo seríssimo, parecido com uma loteria, determina a alocação dos recursos ostentatórios no interior do que os economistas Robert H. Frank e Philip J. Cook definiram como uma «Winner-Take-All-Society», fortemente polarizada entre poucos que vencem e os muitos que perdem (e que perdem *muito*). Talvez fosse suficiente ler *A feira das vaidades,* de Thackeray, publicado em Londres em 1848, para compreender que a «luta de todas contra todas» das moças de boa família é uma competição desesperada pela apropriação do capital. Por isso, Pierre Bourdieu falou precisamente de uma «retórica do desespero» exibida pelos consumos ostentatórios da classe média, já consciente da ameaça de derrota que paira sobre ela. Nesse sentido, podemos dizer que o velho problema filosófico do *reconhecimento*, tal como encontrado em Hegel, ainda hoje está no centro de toda reflexão sobre a sociedade. Um de seus mais célebres — *reconhecidos*, gostaríamos de dizer — intérpretes contemporâneos, Axel Honneth, sustentou, num artigo de 1995 («Consciência moral e dominação de classe»), que hoje não se pode mais falar apenas de desigualdade do ponto de vista da distribuição dos recursos, mas refletir sobre a «repartição assimétrica de oportunidades de vida do ponto de vista cultural e psicológico», em suma, sobre a «distribuição desigual da dignidade social». Entretanto, caso se quisesse levar a sério essa denúncia e com isso colocar em prática um programa de redistribuição do prestígio, nos confrontaríamos com um limite puramente lógico, qual seja: que o prestígio tem valor apenas porque distribuído desse modo, de maneira desigual. Ele é substancialmente um *marcador de desigualdade*. Democratizar o acesso aos bens ostentatórios significa apenas inflacioná-los e dar espaço para que *outros bens* possam desenvolver o mesmo papel de diferenciação. E o único resultado será a produção de uma escalada do consumo sem de modo algum resolver o déficit de reconhecimento que aflige grande parte da classe inadequada. Exemplo desse paradoxo e de suas dramáticas consequências, como veremos, é o funcionamento do sistema educacional.

Que o valor dos signos intercambiáveis no mercado do prestígio tende naturalmente à inflação é algo evidente pela sucessão das modas. Tomemos como exemplo uma garrafa de champanhe. Ela tem certo custo de produção, determinado pelas matérias-primas, pelo trabalho e pela produção, e certo preço para o consumidor, determinado também pelo valor social — o valor de troca simbólico — dessa garrafa, por sua marca, por sua safra. Seu preço será tanto mais alto quanto mais serão os indivíduos dispostos a pagar tal preço para exibir esse produto e dele retirar certo lucro em termos de prestígio. O champanhe é considerado um *status symbol* e ainda está entre os mais banais atributos iconográficos da riqueza, ainda que hoje seu consumo seja em certa medida popularizado. Essa herança simbólica persiste na expressão anglo-saxã «champagne socialist» [socialista champanhe], cujo correspondente italiano é «radical chic» e o francês «gauche caviar» [esquerda caviar] ou «bourgeois bohème» [burguês boêmio], conceitos de construção sempre idêntica que denunciam uma contradição entre pertencimento de classe (alta) e posicionamento político (à esquerda). Essa contradição indubitavelmente existe na burguesia ocidental e pode ser formulada em termos veblenianos com o conceito de *virtue signalling* («ostentação de virtude») ou *conspicuous morality* («moralidade conspícua»), por meio do qual se opera uma inversão curiosa: em certo contexto social — por exemplo, na alta sociedade nova-iorquina, como narrado nos romances de Tom Wolfe — é o *socialismo* e não mais o *champanhe* a desenvolver uma função ostentatória. O champanhe volta a ser uma bebida frisante de sabor ligeiramente seco, enquanto certa cultura ou certo comprometimento se torna um produto de luxo. A retórica da «esquerda champanhe», em suma, choca-se com o deslizamento de todos os significantes, e mesmo assim permanece reconhecível em toda sua potência icônica.

Se o progresso industrial unido ao aumento da demanda permite baixar o custo do champanhe, ou ao menos do champanhe ruim, seu valor simbólico acaba por inflacionar-se. Ele já não indica o pertencimento à classe dominante, uma vez que a classe média pode se apropriar dele. Uma música de discoteca de alguns anos atrás cantava sobre a «petite bourgeoisie qui boit du champagne» [pequena burguesia que bebe champanhe], e a ela responderão, de forma ideal, os italianos da banda *Il Pagante*, com seu cafoníssimo «shampoo col Dompero» (ou seja, Dom Pérignon). Até mesmo o *Charlie Hebdo*, depois dos atentados de 2014 na boate Bataclan,[4] não encontrou nada melhor do que proclamar, com uma ponta de classismo involuntário, que «Eles», isto é, os terroristas, «têm as armas, nós temos o champanhe». O que diz muito sobre aquele *nós* que gostaria de ser inclusivo ao máximo, mas que, na realidade, coloca à sombra uma ampla fatia da humanidade (para começar, os muçulmanos) que seguramente não define a própria identidade cultural por meio do consumo de champanhe. Se o champanhe já não desempenha plenamente a função de *status symbol* — aliás, em certos casos arranca a máscara do novo-rico —, outros consumos tentam substituí-lo: uma cerveja artesanal ou um drinque de luxo servirão melhor para o escopo social, marcando o pertencimento ao «estrato médio reflexivo» ou à «classe criativa». Já nos anos 1950, o sociólogo David Riesman identificou o fenômeno do «subconsumo ostentatório» por meio do qual a classe adequada em certas épocas tenta se distinguir do exibicionismo dos novos-ricos.

De fato, como todo sistema de signos, também a simbologia do prestígio se presta a interpretações divergentes de acordo com os contextos, bem como a transformações contínuas. Hoje, todo o sistema de signos em que deveria haver a regência do reconhecimento — os códigos linguísticos e comportamentais, os títulos de estudo — está, por sua vez, inflacionado e,

---

4   Na verdade, os atentados ocorreram em 2015. [N. E.]

portanto, esvaziado de seu valor, justamente como uma garrafa de champanhe do supermercado. A classe inadequada se envolve com os despojos dos antigos atributos de riqueza, e sua miséria floresce em meio à abundância, como se o tributo simbólico demandado pela civilização industrial para não ser marginalizado fosse cada vez mais alto e insustentável. Esse paradoxo produz uma espécie de autoengano, também este bem resumido num verso de *Il Pagante* — «Foda-se a crise, eu só bebo seis litros» —, que anuncia como único horizonte a perspectiva niilista do «sboccing like no tomorrow».[5]

Nossa sociedade é prisioneira de uma contradição: gostaria de prometer a todos uma ascensão social, mas no máximo pode prometer uma maior quantidade de mercadorias para serem consumidas. Limitando-se a distribuir «oportunidades», nada mais faz do que condenar os indivíduos a uma competição que de modo algum pode garantir a *cada um* um status superior ao de *todos* os outros. As grandes empresas encontraram um paliativo na produção hipertrófica de títulos amplificados — para começar: *manager*, e, com frequência, «produto» ou «projeto» — que deveriam servir para mascarar a natureza real das tarefas, puramente burocráticas. Mas fora do universo da manipulação linguística o problema permanece: logicamente, todos podemos ter automóveis cada vez mais potentes, mas não podemos, todos, ter *o mais potente*. Esse limite lógico foi especificado pelo economista Fred Hirsch num livro cuja fama seguramente está abaixo de sua extraordinária importância para compreender os paradoxos de nosso sistema. Em seu ensaio de 1976, *Limites sociais do*

---

[5] Numa tradução aproximada, algo como «tomando todas como se não houvesse amanhã». [N. T.]

crescimento, o estudioso inglês, filho de imigrantes vienenses, faz a distinção entre uma economia material, que tende a satisfazer uma quantidade crescente de necessidades a um custo cada vez mais baixo, e uma economia de ostentação, com uma oferta estruturalmente limitada e preços que tendem a aumentar de maneira exponencial.

De fato, com a diminuição dos preços dos bens de primeira necessidade, os indivíduos podem economizar recursos para reinvestir na economia de ostentação. Mas desse modo despesas para sustentar e garantir uma posição social e profissional satisfatória aumentam. É a maldição de Veblen que nos leva a competir pelo status, porque o status nos garante um acesso mais fácil aos recursos, com os quais podemos competir por saltos de status ulteriores. É o paradoxo de um bem de ostentação que torna possível a coexistência entre superprodução e escassez: por um lado, diminui o preço das mercadorias abundantes, e por isso há uma forte concorrência entre os produtores; por outro, aumenta o custo das mercadorias raras, e por isso existe uma forte concorrência na demanda. Assim, o custo da vida contemporaneamente baixa (no que diz respeito aos bens materiais) e se eleva (no que diz respeito aos bens sociais), enquanto uma crescente quantidade de necessidades sociais entra com força na esfera do «necessário». Quanto maior é a desigualdade dentro de um grupo social tanto maior será a demanda de bens de ostentação e, portanto, maior a demanda e seu preço: por isso, o mercado de luxo, por exemplo, continua a crescer nos períodos de crise. O mesmo acontece no mercado imobiliário: o custo para construir uma casa diminui no ritmo do progresso tecnológico, mas aumenta hoje nas grandes cidades o custo de sua *ostentação*. Em suma, escreve Hirsch, «o liberalismo econômico é vítima de sua própria propaganda:

generalizado para toda a sociedade, acabou por gerar demandas que não está à altura de satisfazer».

A doença dos limites sociais do desenvolvimento aflige todos os consumos em que a classe média deve investir para garantir sua permanência dentro da própria classe, sob pena de desclassamento. Mas toda intervenção externa para garantir um acesso mais justo a esses bens ou serviços corre o risco de produzir o efeito oposto ao esperado. O desgastado sistema educacional italiano — ótimo para transmitir competências de alto nível, mas incapaz filtrá-las e direcioná-las — ilustra bem esse mecanismo perverso. Sua generosidade ao distribuir títulos e notas, particularmente nas faculdades de humanidades, tende a tirar deles seu valor. Desse modo, dá vantagens a quem pode gastar mais do que os outros, prolongar os anos de estudo e pesquisa para chegar, ao fim da competição, a um prêmio sob a forma do posto de trabalho efetivo; ou melhor, ao direito de finalmente gozar do trabalho de outros e da riqueza acumulada da sociedade. Estudar custa cada vez mais porque os jogadores sobem continuamente a aposta, a idade média de inserção profissional continua a subir e os trabalhos que há um tempo eram desenvolvidos sem nenhum título são hoje reservados aos formados: de fato, o custo da formação necessária para encarar o mercado de trabalho há tempos superou o de um relógio de ouro. Para além dos «Rich Kids of Instagram». Assim funciona também o capitalismo americano, no qual empresas como Amazon e Facebook suportaram anos de perdas até conseguirem impor seu semimonopólio no mercado. Apenas neste ponto, depois de ter tirado da corrida todos os outros competidores, começaram a ter lucros. Seu desperdício honorífico de longo prazo valeu a pena — mas a que preço!

É essa, portanto, a lei da classe inadequada: um em mil consegue vencê-la. E os outros novecentos e noventa e nove? Os outros são vítimas colaterais de um sistema que nos colocou todos numa concorrência, mas que hoje tem cada vez menos a oferecer. Acreditamos poder ignorar a contabilidade e inventar para nós uma vida à altura das nossas ambições, mas, demasiado pobres para realizá-las, hoje nos encontramos contemplando o tamanho de nossa falência. No limiar de uma idade adulta que parece nunca chegar de verdade, mantidos vivos artificialmente pelos patrimônios familiares, pelas bolhas especulativas ou pelo *welfare* público, talvez também pela potência militar (instável) da Otan que nos protege da inveja dos condenados da terra, nos damos conta de ter desperdiçado uma enorme quantidade de recursos para participar de uma competição que não podíamos vencer. Mas, então, não é toda nossa sociedade — de maneira gritante a italiana e, de modo geral, a ocidental — que está fundada, nas últimas décadas, sobre o desperdício como principal motor da economia? Como escreveu Baudrillard, em *Para uma crítica da economia política do signo,* os membros da classe média que «vivem na ideologia difusa da mobilidade e do crescimento» foram educados para sempre esperar «um pouco demais». O capitalismo tardio explorou o efeito Veblen fazendo da competição no estrato médio — a famosa *ascensão social* — o motor de uma florescente indústria do consumo vistoso: uma verdadeira corrida pela ostentação que esvaziou os cofres públicos e privados. Se o êxito da velha corrida armamentista da guerra fria ameaçava ser a Mútua Destruição Assegurada (*Mutual Assured Destruction*), o resultado de nossos esforços para permanecer no estrato médio será o Mútuo Desclassamento Assegurado.

E agora que somos isso que somos, como podemos ser diferentes disso? A classe inadequada é a vanguarda de um capitalismo em crise permanente que nos fala com a retórica da emancipação para nos vender estilos de vida que não podemos nos permitir. A dívida que nos esmaga é apenas a imagem invertida de nossas aspirações desiludidas, o altíssimo custo que pagamos para continuar a ostentar uma riqueza que não temos. Logo virá também para nós o momento de pronunciar a profecia do barão Tuzenbach, o pretendente de Irina, em *As três irmãs*, de Tchekhov:

> Sempre me preservaram do trabalho. Porém não conseguiram me afastar dele por completo. É chegada a hora, já se aproxima, uma imensa e violenta tempestade está por vir, já está a caminho, logo chegará aqui e afugentará de nossa sociedade a indolência, a indiferença, o preconceito contra o trabalho, o tédio putrefato.

UM QUARTO TODO PARA SI

Se os grandes escritores russos do século XIX são, como já notava Max Scheler, mestres em descrever o ressentimento das classes de que descendem, os franceses contaram a ambição tenaz — entre idealismo e arrivismo, de Rastignac a Bel Ami — das classes que procuram emergir. Na classe inadequada coincidem as características de ambas, uma vez que ela está ao mesmo tempo convencida do destino de derrota que a espera e também condenada a dar tudo numa competição desesperada.

Um personagem que encontraremos mais vezes nessas páginas é Lucien de Rubempré, o trágico protagonista das *Ilusões perdidas*, de Balzac. Jovem poeta ambicioso da província francesa, Lucien irá esbarrar na dura realidade da indústria cultural parisiense e acabará por retornar, com o rabo entre as pernas, para o lugar de onde veio. Ao leitor, poderia então surgir uma espontânea perplexidade: se continuamos a confrontar nossa condição com a de heróis de romances do século XIX, não será possível dizer que não há nada de novo e que este livro não merecia ser escrito? Há duas respostas para essa pergunta. A primeira é que o cânone literário partilhado pela classe inadequada pouco a pouco é erodido, e, talvez, por efeito das grandes mutações no sistema educativo, empobreça quanto mais se estende: já valeria a pena fazer um trabalho de simples transmissão, uma vez que nos currículos grande parte dos textos que poderiam nos ensinar algo foram substituídos por simples enlatados da moda. Este livro quer ser, no mínimo, um arquivo com fontes e referências a serem exploradas. A segunda é que, como veremos adiante, a condição do burguês e do artista se generalizaram ao longo do século XX: o argumento deste livro consiste justamente em examinar as disfunções de uma sociedade quase inteiramente povoada por emuladores de Lucien de Rubempré, idealistas em luta com o real, de Franz Kafka aos concorrentes de *reality shows*.

Lucien nasce Chardon, filho de um farmacêutico genial mas pobre na cidade de Angoulême. Todavia, seu sangue é nobre, como o nome Rubempré, que herda da mãe, e também suas ambições: Lucien escreve poesias e está convencido de que um luminoso destino o espera. Uma aristocrata encalhada naquelas terras esquecidas, Madame de Bargeton, acaba tomada de simpatia por ele, apaixona-se um pouco e o expõe em seu salão para refinadas leituras dirigidas a um círculo de nobres de província. A relação entre os dois responde precisamente a um esquema ostentatório: ele, ainda adolescente, é atraído pela condessa que parece colocar-se como patrocinadora; ela, mais madura, vê nele um idealismo que a retira do tédio da província. Assim, Rubempré e Madame de Bargeton acabam por se iludir reciprocamente, e depois de escandalizar Angoulême decidem partir juntos para conquistar Paris: ela, com seus títulos, ele, com sua arte. Lucien se convence assim de seu talento — seguramente extraordinário para uma cidadezinha de 15 mil almas — e consegue levantar todas as economias de seus familiares para investi-las numa escalada para o sucesso. Com frequência se verá o jovem que mora fora desagradavelmente escrever para casa pedindo mais dinheiro, prometendo, claro, devolvê-lo tão logo faça seu nome.

Mas o talento, mostrará Balzac nas páginas seguintes, não basta. Aliás, quem certifica esse talento? Até aqui, Lucien confiou em sua obstinação, em sua capacidade de seduzir um público provinciano para acumular seu crédito. Já em Paris, o jovem poeta descobrirá que a cidade está cheia de jovens como ele — talentosos como ele, obstinados como ele, sedutores como ele. Distante de Angoulême, à luz do sol parisiense, o encanto se rompe. Lucien começa a intuir esse paradoxo observando as moças e confrontando-as com sua musa:

> A proximidade de muitas graciosas parisienses vestidas com tanta elegância e tão na moda o fez notar a velharia das vestes, ainda que muito pretensiosas, da senhora de Bargeton: nem o tecido, nem o corte, nem as cores estavam na moda. O penteado, que tanto o seduzia em Angoulême, agora lhe parecia de um gosto apavorante se comparado às delicadas

invenções exibidas pelas outras mulheres. [...] Na província, não é preciso fazer escolhas nem comparações: o costume de ver sempre os mesmos rostos dá a estes uma beleza convencional. Uma mulher considerada graciosa na província passa despercebida em Paris porque sua beleza consiste totalmente na aplicação do provérbio: «Em terra de cegos quem tem um olho é rei».

Mas, enquanto nosso poeta reflete sobre o mau gosto de Bargeton, fantasiando nas elegantes parisienses a conquistar com sua poesia, a condessa tem exatamente os mesmos pensamentos sobre Lucien. Prepara-se para abandoná-lo a seu destino. Distante da província, obrigado a economizar seu pouco dinheiro e a colocar-se questões prosaicas de sobrevivência, Lucien perde a aura de jovem idealista. Para Bargeton ele acaba se mostrando o que era desde o início: um pobretão.

Apesar da excepcional beleza, o pobre poeta não tinha elegância. O redingote com as mangas demasiado curtas, as luvas bregas de província e o colete justinho o deixavam extremamente ridículo diante dos jovens dos balcões das salas de espetáculo. A senhora Bargeton achava que tinha um ar mesquinho.

Quando aparece a possibilidade de um encontro na Ópera com a poderosa marquesa de Espard, que poderia por fim fazer decolar sua carreira poética, Lucien gasta todas suas economias em roupas luxuosas para dar uma boa impressão. Investimento de todo razoável, perfeitamente vebleniano, se não fosse o fato de que não basta uma roupa cara para esconder seu comportamento e fazer esquecer suas origens populares. O escândalo é inevitável.

Rubempré — isto é, Chardon, filho de farmacêutico — torrou em poucas semanas todo seu patrimônio familiar e se encontra só, numa cidade hostil, sem recursos mas com muitos versos na cabeça e um belíssimo terno no armário. Todavia, tudo isso ainda não é o bastante para perder suas ilusões, e passará longos meses escrevendo na mais brutal pobreza antes de se decidir a renunciar a todo princípio e a converter sua escrita ao jornalismo sensacionalista.

Em que Lucien e a senhora de Bargeton erraram quando deixaram, cheios de projetos, Angoulême? Quem explica isso é o cínico Senhor do Châtelet. Eles viam apenas a superfície de sua relação — a paixão literária entre uma nobre dama e um poeta —, mas não suspeitavam do que estava *por trás*: as determinações, as estruturas, os circuitos secretos da riqueza. Os dois amantes eram apenas marionetes num teatro, e, quando o teatro caiu, tiveram de deixar seus papéis. Isso é justamente o que acontece a todos os que competem entre si para realizar as próprias aspirações artísticas e profissionais: quem tem os recursos (como Bargeton) vai na frente, quem não os tem (como Rubempré) descobre não poder prosseguir. Mas essa diferença não é evidente de imediato, aliás é com frequência ocultada. Pois para a classe inadequada vige a mesma regra dos aristocratas: *de dinheiro não se fala*. E é sobretudo a partir da capacidade de não falar sobre dinheiro que se mede o status.

«De dinheiro nunca falamos» é também o título italiano de um breve artigo, publicado em 2014 no site *Abbiamo le prove*, no qual a escritora americana Ann Bauer revela a hipocrisia e os não ditos que se escondem por trás da fachada do trabalho cultural. «Ainda assim, tudo isso é muito vulgar, eu sei disso e me desculpo por isso», especifica a autora ao fazê-lo, consciente do fato de que outros escritores preferem atribuir ao talento e à determinação o que frequentemente deveria ser atribuído a seus privilégios. Bauer descreve ponto por ponto a história de seus infortúnios e sortes e conclui revelando que, substancialmente, é mantida pelo marido. Essa honestidade parece preferível ao engano de um estimado escritor, herdeiro de um imenso patrimônio, que, à pergunta de uma moça «jovem, ingênua e evidentemente pouco informada» sobre como havia sido possível a ele passar dez anos em sua obra-prima, respondera, com seriedade, que havia se financiado escrevendo artigos. Apesar de algumas risadas do público, «o autor, impassível, foi adiante e deu a entender à moça que um punhado de artigos para o *The Nation* e *Salon* puderam fazer com que ele se mantivesse por dez anos em Manhattan».

A classe inadequada é avessa a esses tipos de mistificação que deveriam servir para esconder os aspectos mais prosaicos da existência e colocar em cena uma vida sonhada. A biografia dos escritores nas contracapas nos falam de seus livros, mas não do que de fato fazem oito horas por dia para ganhar a vida nem das eventuais heranças sobre as quais se apoiam. Quando nos apresentamos a um desconhecido que encontramos em algum evento mundano, não é raro que nos seja ilustrado seu visionário projeto criativo; por mais perplexidade que nos suscite, sabemos também que não existe reação mais socialmente reprovável do que lhe perguntar «sim, mas como você o banca?» — e, portanto, permaneceremos para sempre em dúvida. Cria-se, desse modo, uma verdadeira bolha povoada por indivíduos que tentam se convencer reciprocamente do próprio sucesso relativo por meio da produção hipertrófica de sinais, mas, no fundo, sobretudo empenhados a se colocar na esperança de que alguém possa içá-los em direção de uma vida melhor. Entretanto, como Lucien de Rubempré, ficamos sempre dando dicas.

Esse é o luxo trágico da classe inadequada, seu investimento que serve para projetar certa imagem que recobre inteiramente a verdade das relações econômicas. Mas, por mais levantamentos simbólicos que se possam fazer gastando uma parte excessiva do próprio patrimônio em consumos ostentatórios, a começar pelo *tempo* dedicado aos estudos e ao crescimento intelectual, resta válida aquela que podemos chamar de «regra de Jarvis Cocker», do nome do vocalista da banda Pulp, que em «Common People» cantava:

> But still you'll never get it right
> 'Cause when you're laid in bed at night
> Watching roaches climb the wall
> If you called your dad he could stop it all.[6]

A realidade econômica reemerge de repente nos momentos de crise. Mas o que nos interessa é sobretudo o modo como essa realidade consegue permanecer escondida, pois a classe inadequada vive nesse ocultamento. Toda classe, aliás, produz as próprias representações. Nos mesmos anos em que saía *Ilusões perdidas*, dois filósofos alemães ilustravam esse paradoxo. Karl Marx e Friedrich Engels escreviam em *Ideologia alemã*:

---

[6] «Mas você nunca irá compreender / Porque quando você estiver deitado na cama de noite / Olhando os besouros subindo a parede / Se você chamasse seu pai ele poderia ajudar a parar tudo isso.»

A produção das ideias, das representações, da consciência, é, em primeiro lugar, diretamente entrelaçada à atividade material e às relações materiais dos homens, linguagem da vida real. As representações e os pensamentos, a troca espiritual dos humanos se mostram aqui ainda como emanação direta de seu comportamento material.

Com isso os dois filósofos tinham inventado o conceito de *ideologia*, compreendida como lugar de uma inexorável convergência entre o plano econômico e o plano cultural. A ideologia, contemporaneamente, *esconde* a realidade material de quem está em seu interior e a *manifesta* ao observador atento; assim, Lucien e a condessa de início apenas *não veem* os obstáculos objetivos à sua relação — vivem numa espécie de sonho —, mas, por outro lado, não podemos intuir a utilidade em termos de prestígio que cada um retira dessa mistificação: o poeta obtém o selo da nobreza, a nobreza o selo da poesia. Se pelo menos fosse possível nunca mais acordar! E, pelo contrário, a crise é justamente o momento em que a ilusão colapsa e a esfera das representações se reorganiza sobre suas condições materiais. Marx e Engels usam uma metáfora óptica para ilustrar o fenômeno da ideologia: nela, as relações sociais «aparecem invertidas, como numa câmara escura». Assim, em Angoulême Lucien ainda podia estar convencido de que manipulava a senhora de Bargeton, mas no momento em que chega a Paris a relação se inverte e o jovem descobre não ter de fato nenhum poder.

Mas «de dinheiro nunca se fala». Não é por acaso que as mais lúcidas sobre essa questão sejam com frequência as mulheres, e em particular as feministas, uma vez que sua condição social com frequência as levou a lutar contra certos obstáculos materiais que para os homens se mostram menos pesados e, por isso, invisíveis. Dado que o alcance dos próprios objetivos pessoais está vinculado à possibilidade de perseverar no tempo, a ideia de que exista um relógio biológico impõe a escolha entre filhos e carreira; quanto à possibilidade de atingir os recursos familiares, até há poucas décadas as regras de transmissão do patrimônio tendiam a penalizar as mulheres. Virginia Woolf por muito tempo se interrogou sobre essa dimensão econômica escondida e no ensaio *Um teto todo seu*, de 1929, narra o percurso que a levou a tomar consciência de que a «liberdade intelectual depende das coisas materiais». Ou melhor, para ser prosaico ao máximo: do dinheiro, das possibilidades de ter tempo para si e um quarto onde se retirar para trabalhar. Woolf tenta imaginar o destino de uma hipotética irmã de Shakespeare, de todo idêntica ao bardo em talento e imaginação, mas socialmente em desvantagem por causa de seu gênero, para demonstrar a incidência das determinações econômicas na produção cultural. E conclui com uma reflexão mais geral:

> Por certo é impensável que uma mulher, nos tempos de Shakespeare, pudesse ter o gênio de Shakespeare. Porque um gênio como o de Shakespeare não nasce em uma classe trabalhadora, ignorante, servil. Não nascia na Inglaterra entre os saxões e os bretões. E não nasce hoje na classe operária. De que modo, portanto, poderia ter nascido entre as mulheres, que, segundo o professor Trevelyan, eram obrigadas a trabalhar desde a mais tenra idade, vinculadas ao poder da lei e da tradição?

Essa consciência evidentemente não nos deve levar a uma visão demasiado rígida das possibilidades abertas ao talento de cada indivíduo proveniente de uma situação desvantajosa. A própria Woolf o reconhece: «uma espécie de gênio deve ter existido entre as mulheres assim como entre as classes populares». Sobretudo, os progressos sociais e econômicos do último século garantiram a muitas mulheres e a muitos de nós, descendentes de operários e camponeses — ou melhor, à maioria da classe média —, acesso a oportunidades inesperadas. Aliás, a maior parte daqueles que apostaram na ascensão social nos anos do pós-guerra, por exemplo investindo na própria educação, saíram-se vencedores: isto é, mais ricos e mais emancipados. Mas a relação entre vencedores e vencidos nas fases de expansão é obviamente muito diversa daquela que resulta nas fases de depressão: é a tragédia da classe inadequada, que ainda mede o mundo com a experiência de seus pais. Quanto aos aspirantes a poetas, é seguro apostar que em todas as épocas tiveram suas dificuldades.

O que nos mostra o caso de Lucien de Rubempré, e tantos outros que citaremos nas próximas páginas, é que a convergência inexorável entre plano econômico e plano cultural não se realiza senão ao final de uma luta tenaz: serão necessárias mais de trezentas páginas para Lucien se resignar a seu destino material, ou melhor, para exaurir todo o capital com o qual financiava sua encenação. Se tivesse mandado suas cartas à mãe de Eugène de Rastignac, protagonista de *O pai Goriot*, ela poderia ter lhe respondido como responde nesse outro romance de Balzac, isto é, dissuadindo o filho «de mostrar-se como aquilo que não é, de frequentar um mundo ao qual não pode pertencer sem gastar aquilo que não pode gastar». A senhora Rastignac, evidentemente, não tinha lido Veblen.

MISÉRIA DO BOVARISMO

Em 2014, a escritora inglesa Jo Baker publica um surpreendente experimento literário intitulado *As sombras de Longbourn*. Trata-se, na prática, de um romance ambientado dentro de outro romance, ou melhor, dentro do mais célebre deles: *Orgulho e preconceito*, de Jane Austen. Se o livro original de Austen contava as aventuras da família Bennet, este se concentra nos casos que dizem respeito a sua servidão. Jo Baker restitui todo um universo que era totalmente invisível para o leitor de *Orgulho e preconceito*, o dos operários e dos serviçais que literalmente mantêm em pé o espetáculo a que assistimos — alimenta, dispõe, limpa tudo o que diz respeito direta e indiretamente à existência dos personagens. E, ao mesmo tempo, também eles vivem, sonham, se destroem, se lamentam e se viram para uma vida melhor.

A metáfora é perfeita. Se aceitamos a teoria marxista da ideologia, nossa sociedade é fundada em todo nível sobre o ocultamento das relações de produção. Se consumimos recursos, força de trabalho está sendo empregada, mas nós simplesmente *não a vemos*. A classe inadequada vive nesse autoengano, trocando seu mal-estar burguês por uma forma absoluta de pobreza, incapaz de se colocar corretamente na cadeia da mais-valia, na qual os verdadeiros explorados são, como é óbvio, outros. É claro, se lemos os posts de Beppe Grillo inspirados no «decrescimento feliz», de Serge Latouche, podemos nos convencer de que é fácil «fazer uma lista do estritamente necessário e eliminar o resto» para «voltar à sustentável leveza de ser» (*sic*). A verdade é que a lista de nossas necessidades é longa como o *Mahabharata*. Não é culpa nossa: fomos programados dessa forma, crescemos como senhores. Somos, como escreveu Luca Ricolfi, uma «sociedade senhoril de massa»? É possível, mas o que Ricolfi não especificou é que somos senhores decrépitos, colocados diante do drama do desclassamento.

Todavia, assim como os senhores, vemos as relações sociais invertidas dentro da câmara escura da ideologia. É do lado dos oprimidos que nos vemos, mas talvez não sejamos nada além de opressores falidos. Reivindicamos direitos, mas não nos damos conta de que são privilégios. Militamos à esquerda, mas nosso partido é o do status quo. Nosso fetiche se chama «Cultura»: um engenhoso expediente que serve para externalizar para toda a sociedade, com financiamentos e subvenções, o custo dos consumos ostentatórios de uma espécie de classe. Ler um bom livro? Cultura. Encher nossas casas de preciosos enfeites? Cultura. Escutar uma orquestra de cinquenta elementos, sentado num esplêndido palácio do século XVII? Cultura. Voar *low cost* para outra parte do mundo? Cultura. Ir ao restaurante para degustar a enguia marinada tradicional dos Vales de Comacchio, com a aprovação de Carlo Petrini? Ainda Cultura. Quanta ideologia numa só palavra, e quanta astúcia nesse estratagema!

Lembremo-nos sobretudo de especificar que «não é um luxo», porque poderia parecer. Insistimos para que nossos consumos culturais custem menos, se possível às custas da coletividade, mesmo que, de fato, sejamos os únicos beneficiários. Não chamamos «consumismo» a acumulação de produtos culturais, e não chamamos «produtos», somos desleixados com os efeitos ambientais de sua produção, desprezamos o marketing, como o marketing nos ensinou a fazer. E, sobretudo, lutamos para defender nossos próprios interesses e financiar com todas nossas forças — nossas? — cada teatro, editor, museu, universidade, aspirante a artista, criador, escritor, pesquisador universitário, em suma, toda nossa bela classe inadequada que se observa na lente de sua câmara escura. Mas quanto mais poderemos ir adiante desse modo?

É lindo subir no carro dos derrotados, dos oprimidos, dos explorados. É cômodo proclamar-se operário cognitivo e unir-se à luta do proletariado internacional contra o capitalismo. Tudo, com a condição de não admitir que na linha de frente dos «inimigos do povo» poderíamos ser nós mesmos: intelectuais e pseudointelectuais, artistas de domingo *full time*, escrevinhadores e burocratas da cultura. Nós, que vivemos com salários ridículos? Nós, com frequência sem trabalho, com semitrabalho, ex-empregados — nós, de verdade? Sim, justamente nós: desde sempre amarrados ao barril do qual jorra a mais-valia e hoje atormentados pela sede porque o jato enfraquece, se dispersa em mil fluxos, já não é o suficiente. Classe adequada com cada vez menos perspectivas; em suma, classe inadequada. A presumida tragédia dos proletários cognitivos é, na verdade, uma tragédia da burguesia: uma classe rica, mas não rica o bastante. Rica para estudar e aculturar-se, com frequência mal, mas não o suficiente para levar a vida que estava convencida de que merecia.

A classe inadequada não consegue imaginar que exista — acima dela ou em países distantes — outra classe cujos interesses divergem radicalmente dos seus. O fetiche da Cultura permite que seus privilégios sejam considerados direitos universais. Segundo Veblen, o objetivo da instrução superior é substancialmente «ensinar a consumir» bens ostentatórios, e não há dúvida de que isso sempre ajuda a criar novos nichos para o setor terciário. Mas isso pelo menos nos torna melhores? Não somos nem racistas nem classistas para crer que bastam cinco, dez ou quinze anos de leitura do cânone ocidental para elevar a dignidade do homem que conhece apenas a Bíblia, ou o Corão, ou qualquer cosmogonia ameríndia. Todavia, a aspiração máxima do burguês ocidental parece, hoje, ser a de se parecer com Emma Bovary, o ícone perfeito do consumismo cultural.

A heroína do romance de Gustave Flaubert, frustrada com um matrimônio medíocre e intoxicada pelas muitas leituras de romances, deu nome a uma patologia social específica: o *bovarismo*. «Madame Bovary, c'est moi» [Madame Bovary sou eu], poderia proclamar a classe inadequada, que fez do consumo cultural a liturgia de seu culto laico da salvação. O bovarismo é o totalitarismo suave de nosso tempo. Sua propaganda está por toda parte, invasiva, da escola às campanhas publicitárias, num progresso que com frequência e com prazer confunde o tema da alfabetização com o da leitura, a cultura como patrimônio partilhado com a indústria cultural. A mensagem dessa propaganda é clara e inconfundível: é preciso ler mais, ler tudo, porque ler é lindo, o livro é nosso melhor amigo, a leitura enobrece o homem... Pouco a pouco a dialética do bovarismo absorve novas esferas da arte, indo alimentar um bovarismo artístico, um bovarismo cinematográfico, um bovarismo musical e, pouco a pouco, gentrificando novas mídias, talvez um bovarismo de quadrinhos e outro videolúdico. Com um terrível subentendido: quem está excluído do consumo cultural, com toda a compreensão que lhe devemos, vale um pouco menos do que nós. Com toda evidência, não poderá concorrer na mesma competição de ostentação que empenha as energias da classe inadequada.

É claro que gostaríamos de viver num mundo de pessoas cultas com as quais seria possível discutir literatura francesa do século XIX, até porque essas pessoas se apressariam em comprar este meu livro cheio de bovarismo. Mas isso não depende de sua boa vontade nem dos esforços que faríamos para influenciá-las, mas das condições concretas que (como já notava Woolf) tornam possível o consumo cultural. Ninguém jamais escreveu um romance sobre a servidão na casa Bovary, mas, caso o fizesse, sem dúvida deveria contar uma história similar à da velha serva Catherine, no terceiro capítulo do romance de Flaubert. Depois de 54 anos de serviço, a mulher se apresenta como «temerosa», «humilde» e esgotada:

> Calçava grosseiros sapatos de madeira e trazia um grande avental azul atado aos quadris. O rosto magro, circundado por uma coifa sem enfeites, era mais cheio de rugas que uma maçã murcha; pelas mangas da camisola vermelha, surgiam-lhe as mãos, longas e de articulações nodosas. O pó dos celeiros, a potassa das barrelas e a gordura das lãs haviam-nas de tal forma encruado, encarquilhado e endurecido que pareciam sujas, ainda que lavadas; e, à força de terem servido, conservavam-se entreabertas, como a apresentarem, elas mesmas, a humilde prova de tantos sofrimentos suportados. Algo duma rigidez monástica realçava a expressão de seu rosto. Nada de triste ou de terno abrandava o olhar desmaiado. Na convivência com os animais, ela adotara aquele mutismo e placidez.

Flaubert opõe à reserva de dignidade dessa senhora ignorante a arrogância dos burgueses que a julgam. Comparando-a a um animal, todavia, não lhe presta necessariamente um serviço melhor. Sem dúvida, Catherine é imune a todo bovarismo: não é possível permitir isso. E, no entanto, a literatura com frequência se interessou pela ascensão social e até mesmo cultural das classes mais humildes, chegando ao ápice nos dois romances quase gêmeos: *Judas, o obscuro*, de Thomas Hardy, e *Martin Eden*, de

Jack London. Ambos relatam uma forma de bovarismo das classes populares, o segundo, aliás, com uma clara dimensão autobiográfica; ambos mostram os êxitos trágicos disso.

No último romance de Hardy, publicado em 1895, o miserável Jude Fawley sonha em se tornar um literato na imaginária universidade de Christminster. Sem recursos, alterna os trabalhos mais humildes com o estudo dos clássicos, mas uma série de estratosféricas desventuras ligadas à sua condição o levam, de tragédia em tragédia, cada vez mais longe da realização de seu sonho. Destino muito distinto é o de Martin Eden, herói epônimo do romance de 1909, que, de marinheiro, apenas com a força de sua vontade titânica, consegue se tornar um escritor importante e apreciado, a não ser pelo fato de que o mundo em que acaba por ser admitido lhe causa tanto desgosto que, nesse caso, dará início a um mecanismo trágico. London quer fazer uma crítica ao capitalismo e à ideologia que leva o indivíduo a vencer seus similares para realizar o desejo que se apresenta, de fato, como um poço sem fundo. Jude e Martin são, ambos, vítimas de ambições desproporcionais que os condenam à infelicidade, e assim as coisas acontecem.

Trágico é igualmente o destino de Emma Bovary, que, por ler seus romances, acaba tomando-se por uma heroína romântica muito distinta do que é por descendência e status social. Porque o problema central do bovarismo é que os universos romanescos nem sempre valem como manual útil para se orientar no mundo; e isso pode provocar tormentosas desilusões. Justamente como Dom Quixote, modelo declarado de Flaubert, Emma vive num mundo paralelo alimentado por sua bibliomania. Seus moinhos de vento são os amantes. Borgianamente, poderíamos também imaginar que se Madame Bovary se mata é porque leu um romance intitulado *Madame Bovary*, no qual a protagonista se mata; e talvez «Gustave Flaubert» seja apenas o *nom de plume* [pseudônimo] de uma burguesa entediada, como Emma Bovary, que ocupa suas longas jornadas escrevendo romances... Não é irônico e paradoxal que no centro do cânone literário ocidental — aliás, em cada um de seus centros — haja uma crítica radical da literatura? É certo que sempre será possível dizer que existe uma boa e uma má literatura, mas Flaubert e Cervantes denunciam um risco sempre latente na relação com a ficção romanesca. No fundo, a literatura não teria utilidade nenhuma se não apresentasse esse risco, se não prometesse desequilibrar o mundo inspirando nas mulheres e nos homens os «maiores projetos da vida». Além disso, é desse modo que a crítica literária começou a ler o potencial subversivo do bovarismo a partir dos anos 1960, invertendo a precedente leitura «moralista». Mas que dose de risco pode suportar a classe inadequada antes de colapsar inteiramente sob o peso de suas aspirações?

Em tempos recentes, o romance e depois o filme *Clube da luta* contaram o mesmo desdobramento entre vida real e vida sonhada. O personagem Tyler Durden, interpretado por Brad Pitt, encarna o modelo ambicionado pelo homem médio da sociedade de consumo: belo, seguro de si, mas sobretudo numa pose de rebelião radical em relação ao existente que coincide com a apoteose do status — lembremo-nos do salão de Tom Wolfe — e, por isso, também da atratividade sexual. A retórica do «torna--se o que é» está no coração do capitalismo tardio. Baudrillard havia intuído isso ao estudar a linguagem publicitária dos anos 1960 e, em particular, as propagandas de um sutiã que dizia: «O corpo que você deseja é *seu*». Toda a astúcia da mensagem está em levar os indivíduos a já não se reconhecerem como o que são realmente, mas naquilo que poderiam ou deveriam se tornar eliminando todos os obstáculos materiais: em suma, a ideologia opera uma inversão similar àquilo que, na teologia gnóstica, leva a recusar a *realidade da realidade*. O filósofo Jules de Gaultier, que teorizou o conceito de bovarismo no início do século XX, havia definido isso como uma tendência a autorrepresentar-se de forma diversa de como se é. O que pressupõe, de modo sobretudo ingênuo, que haja uma «verdadeira» natureza do que somos. Ao contrário, devemos reconhecer que, se o bovarismo irá constituir uma autorrepresentação mesmo que fantasmática, esta constitui a única identidade na qual o indivíduo está à altura de se reconhecer. E é isso, portanto, que o condena a interpretar até o fim o papel que lhe foi imposto.

2. ASCENSÃO E DECLÍNIO DA CLASSE CONSUMIDORA

> *Things fall apart; the centre cannot hold.*[7]
> William Butler Yeats, «The Second Coming»

A GRANDE ILUSÃO

É hora de abandonar o uso do termo «crise» para descrever a fase histórica que o Ocidente está vivendo. Os principais indicadores econômicos, a começar pela taxa de crescimento do PIB nos últimos cinquenta anos, sugerem que não estamos lidando com uma simples perturbação, mas com uma situação permanente e cada vez mais degradada. O excepcional para o capitalismo ocidental é sobretudo o brevíssimo parêntese de prosperidade depois da segunda guerra mundial e que hoje é justamente lembrado como a «Época de ouro». Um período de desenvolvimento rapidíssimo e desmedido, no qual milhões de pessoas em todo o mundo passaram da miséria ao bem-estar, indo ocupar os postos de uma classe média cada vez mais ampla. Para dar um nome

---

7 Em tradução livre, «As coisas desmoronam, o centro não aguenta». [N. E.]

à fase sucessiva, cujo início fixou em 1973, o historiador Eric J. Hobsbawm propôs um termo muito certeiro: o *desmoronamento*. A metáfora é surpreendentemente adequada ao gráfico que mostra o crescimento do PIB década a década a partir dos anos 1960, no qual podemos ver uma escala que desce de modo inexorável. Uma forma de decrescimento que não é nada serena. Ainda assim, continua-se a fingir que a conjuntura passará e, desse modo, alimentam-se expectativas que só poderão ser frustradas. A verdade é que estamos flutuando numa curiosa ilusão coletiva que herdamos da geração dos *baby boomer*. Enquanto a ideia do colapso avança entre os estudiosos, a opinião pública ocidental parece ainda se situar entre a primeira e a segunda fase de elaboração do luto, entre a recusa e a raiva.

Primeiramente, causas exógenas foram especificadas para explicar o que estava acontecendo, sem colocar em discussão os modelos macroeconômicos dominantes, e, desse modo, por um tempo foi o bastante colocar toda a culpa nas crises do petróleo de 1973 e de 1979. Aliás, na época (como hoje) se estudava nos manuais de Paul A. Samuelson, segundo os quais:

> [...] o uso apropriado e reforçado das políticas monetárias e fiscais por meio de nosso sistema de economia misto pode evitar os excessos dos *booms* e das depressões, e garante um desenvolvimento progressivo saudável.

Como lembra Hobsbawm, nos anos 1970 e 1980 se falava timidamente de «recessão» ou de «estagnação» enquanto os governos se limitavam a ganhar tempo; e é o que ainda hoje se continua a fazer entre a explosão de uma bolha e outra, cada vez mais próximas e obviamente atribuídas a algum ocasional delito de *trader* cocainômano e agentes imobiliários demasiado ávidos. Quando ficou claro que as velhas políticas de estabilização por meio do gasto público não produziam mais seus efeitos milagrosos (também porque a produtividade marginal da dívida havia visivelmente atingido um teto e o Estado começava a entrar numa pesada crise fiscal), abriu-se um caminho para uma nova escola de economistas, dita neoclássica, iludida com a ideia de que para reviver a economia cortam-se os tributos e baixam-se os salários. Também eles fracassaram, mas se revelaram providenciais bodes expiatórios: tanto que hoje se pode descarregar toda culpa no «neoliberalismo» e iludir-se com a visão de que voltar à política econômica do *boom* — admitindo que tenha sido de fato abandonada — bastará para retornar ao movimento de crescimento. Não fosse o fato de que nossos problemas começaram justamente nesse período, com o exaurimento daquilo que, com evidências, era apenas um ciclo.

A própria financeirização da economia, que explode no início dos anos 1970 com o aumento do crédito ao setor privado, parece assinalar uma fé bastante imotivada nas perspectivas de crescimento de longo prazo: com efeito, uma especulação equivale a investir uma quantidade crescente de capital *presente* com esperanças de valorização *futura*. Esse já era o mecanismo descrito por Émile Zola no romance *O dinheiro*, de 1891, uma crônica ficcional de uma das maiores quebras da bolsa de Paris. O que torna esse livro tão extraordinário não é tanto seu valor documental quanto a eficácia ao restituir, com a força de uma língua imaginativa, o próprio mecanismo de toda especulação passada e futura, descrevendo uma economia industrial que requer concentração de capital cada vez mais importante para realizar projetos cada vez mais ambiciosos. Por causa da acumulação em forma de ativos financeiros das promessas de valorização futura, a ameaça que pesa sobre a economia mundial é hoje a de uma «grande desvalorização», do título (*Die grosse Entwertung*) do estudo aprofundado que Ernst Lohoff e Norbert Trenkle dedicaram, em 2012, às causas e às consequências da crise de 2008. De acordo com os dois economistas, membros do Grupo Krisis, a financeirização é apenas uma consequência das contradições estruturais do sistema capitalista.

A diferença entre as somas investidas em transações comerciais e as investidas em transações financeiras é cada vez maior, e o processo se acelerou a partir dos anos 1980. Mas é possível que especuladores sejam vítimas da mesma grande ilusão que leva a civilização ocidental moderna a não se interrogar sobre o próprio colapso? Não exatamente: como no pôquer, aos investidores não interessa *ver* a assim chamada valorização, fingindo que podem *vender* no momento justo — isto é, um segundo antes que a bolha exploda. Durante todo seu ciclo de vida, com efeito, a especulação gera uma renda em forma de dividendos e interesses. Em seu *Profiting Without Producing*, de 2013, Costas Lapavitsas falou de um «lucro de alienação», obtido desta forma: como se a finança «taxasse» de maneira cada vez mais incisiva os consumos e a produção. De acordo com o historiador Fernand Braudel, a financeirização da economia é a marca de seu outono: em toda época histórica o fenômeno sempre tem coincidido com a desaceleração do comércio e da produção, como que para compensar os efeitos da crise. A partir da metade dos anos 1970, as curvas do desemprego e a taxa de financeirização da economia acompanham-se, como sintomas de um mesmo mal.

Uma pesquisa rigorosa das causas do desmoronamento demandaria outro livro e, sobretudo, muitas outras competências.

Por sorte, já existe uma rica bibliografia sobre o assunto, da qual podemos partir para esclarecer o horizonte histórico no qual se insere nossa teoria da classe inadequada.

CRESCIMENTO E ESTAGNAÇÃO

Uma vez que o milagre econômico do qual gozaram os países europeus veio a reboque da potência militar-industrial-monetária dos Estados Unidos, os destinos das duas margens do Atlântico estiveram até agora indissoluvelmente ligados. Assim como vivemos por meio século na luz refletida do século americano, hoje descobrimos que nos encontramos à sua sombra. Por esse motivo, é de interesse seguro o debate sobre o assim chamado «fim do século americano», que culminou em 2016 com a publicação da suma de Robert J. Gordon, *The Rise and Fall of American Growth*. Segundo Gordon, o milagre econômico do pós-guerra se situa num ciclo mais longo que se inicia por volta de 1870 com a industrialização dos Estados Unidos: uma onda de inovações tecnológicas, unida às exigências específicas de um país grande e jovem que tinha de implementar todas as infraestruturas, havia dado início a um século de desenvolvimento; mas, sempre de acordo com Gordon, essa revolução não é repetível, porque nenhuma descoberta recente — nem sequer a internet e o smartphone — teve o mesmo impacto econômico que tiveram a luz elétrica e o progresso da medicina. Depois de décadas de otimismo, parece que de algum modo houve um retorno à velha teoria do crescimento e da estagnação esboçada pelos economistas clássicos entre os séculos XVIII e XIX.

Também eles tinham de lidar com as crises, a pobreza e o desemprego. Começaram, por isso, a formular teorias que podiam explicar essas disfunções. O capitalismo industrial é um sistema econômico em contínua transformação caracterizado por algumas tendências estruturais, e uma delas é a *divisão social do trabalho*, ou melhor, a fragmentação cada vez mais importante dos processos produtivos. Adam Smith, pai da economia clássica, no fim do século XVIII descreveu os extraordinários progressos tecnológicos da revolução industrial, mas também os efeitos deletérios do trabalho nas fábricas. Uma divisão que garante o incremento da produtividade mas que, ao mesmo tempo, destrói setores econômicos inteiros e erode o custo da mão de obra. O legendário operário Ned Ludd foi o primeiro a tomar consciência desse fenômeno e reagiu quebrando máquinas como um louco.

Mas o *verdadeiro* paradoxo do capitalismo industrial ainda é outro: como efeito da livre concorrência, a produtividade tende continuamente a superar a demanda existente, com o risco de que a mercadoria não encontre lugar no mercado e que o sistema se paralise. Para dizer a verdade, muitos gostariam mesmo é de comprar essa mercadoria, o problema é que — lembrem-se — Ned Ludd já não tem um tostão. É a tese (revolucionária) de Simonde de Sismondi, que nasce como simples divulgador de Adam Smith mas passa para a história como pioneiro de um socialismo pessimista que antecipa todos os temas principais da tradição subsequente: superprodução e crise, concentração da riqueza e miséria operária... A partir de seu artigo «Political Economy», publicado na *Edimburgh Encyclopedia* em 1818, ele detecta a contradição entre a teoria dominante (e, em particular, a assim chamada lei de Say, segundo a qual a superprodução é logicamente impossível) e a dura realidade do mundo operário. Em 1819, Sismondi publica seus *Novos princípios de economia política*, no qual articula sua previsão sombria: na ausência de uma intervenção estatal para redistribuir a riqueza, o ciclo da reprodução capitalista corre o risco de simplesmente parar e a nação de acabar arruinada em meio à abundância. Um ano depois, em seus *Princípios de filosofia do direito*, Hegel, que lia avidamente jornais ingleses e livros de economia, reformulou e conclui que «a sociedade civil, apesar de seu excesso de riqueza, não é rica o suficiente», uma vez que tende a produzir um desperdício, ou melhor, uma classe — a plebe — que cai para baixo do nível de subsistência. A Nova economia industrial tem evidentes taras estruturais e, por isso, «sua dialética interna a leva a estender-se para além dos próprios limites e a procurar novos mercados». Como é notório, o mais célebre aluno de Hegel, ou melhor, Karl Marx, dedicou mais do que algumas páginas ao assunto — mesmo continuando a definir o velho Sismondi como nada mais do que um socialista pequeno-burguês. O problema, como formulado no interior da tradição marxista, é a superprodução relativa em relação às profissões disponíveis e, portanto, uma tendência à miséria relativa crescente.

Sobrecarregado por suas contradições, o capitalismo industrial parece ter algo substancialmente *trágico*. Um verdadeiro azar, uma vez que também se trata do sistema que demonstrou poder garantir o mais alto *output* produtivo e, com isso, uma elevação do padrão de existência dos mais miseráveis. Ainda no início do século XIX, Thomas Malthus teve uma intuição: temos necessidade de uma classe de *rentier* [rentista] — uma classe adequada — que se encarregue de consumir o excesso de oferta. A ideia é formulada com clareza numa carta a David Ricardo de 7 de julho de 1821:

Sustento, decididamente, que uma tentativa de acumular com grande rapidez, o que necessariamente implica uma considerável diminuição do consumo improdutivo, cria um obstáculo prematuro ao progresso da riqueza, uma vez que prejudica de forma grave as motivações normais da produção... Mas, se é verdade que a tentativa de uma rápida acumulação provocará uma divisão entre trabalho e lucros a ponto de destruir, ou quase, a capacidade de sustentar e ocupar uma população crescente, não é necessário reconhecer que essa tentativa de acumular, ou essa economia excessiva, pode ser, na realidade, prejudicial a um país?

Consumir: já não era essa, desde os tempos dos antigos sacrifícios, a função dos sacerdotes, chamados para destruir um excesso de recursos que podia perturbar o equilíbrio econômico? Nos anos da Grande Depressão, em específico em 1936, John Maynard Keynes desenvolveu a ideia malthusiana em sua *Teoria geral do emprego, do juro e da moeda*. Tratava-se de investir um novo sujeito na sagrada tarefa de sustentar a demanda: o Estado. O poder público não se limitará a uma função reguladora, mas deverá se transformar em *consumidor*. Sua missão será a de produzir o principal dos recursos escassos, isto é, *a demanda*. Na prática, significa fazer com que uma quantidade crescente de pessoas ingresse na classe adequada responsável pelo consumo do excedente, ou colocar mais uma vez e progressivamente no consumo aquela parte da população expulsa da esfera da produção por causa da mecanização. O critério que mede sua performance não será mais o da produtividade, mas, para citar um neologismo cunhado por Jean Baudrillard, a *consumatividade*.

Assim, o Estado keynesiano herda da Igreja o papel de «poder que freia» — em grego, *katéchon* — e direciona a onda impetuosa da acumulação capitalista. Mas para realizar isso era necessário fazer surgir do nada uma nova classe consumidora, adaptada aos desafios da economia mista. A propensão ao consumo das classes adequadas — mesmo que vistosa, como ensina Veblen — é tendencialmente baixa em proporção à sua renda total, uma vez que além de consumir podem se permitir poupar. Por isso, segundo a *Teoria geral*, é necessário extinguir suas reservas por meio de uma taxação progressiva e realocar os recursos para os consumos de uma classe menos propensa à economia: justamente aquela que será a classe média, que, imitando os níveis de consumo da classe adequada sem as mesmas sólidas reservas guardadas, sempre corre o risco de recair na classe inadequada. O mecanismo descrito por Keynes soa razoável no papel, e funcionou magnificamente por décadas. Para que o sistema funcione, o Estado deve fazer com o capitalista aquilo que o capitalista faz com o trabalhador. Por um lado, leva uma cota do lucro privado, por outro, gasta para absorver o excedente produzido pelos incrementos de produtividade. Tudo perfeito, se não fosse o fato de que não há limite aos incrementos, portanto não há limite à riqueza que deve ser consumida para persegui-los, portanto não há limite à cota que deve ser levada... Num contexto concorrencial, caracterizado pela corrida à baixa dos preços — a famigerada *competitividade* —, essa perseguição infinita não é possível.

Mesmo que o lucro equivalesse a zero, mesmo na ausência de capitalistas, uma cota de mais-valia crescente seria necessária para ser reinvestida em capital e matéria-prima, assim como para comandar a força de trabalho internacional sobre a qual se funda o bem-estar ocidental. Com efeito, «quanto mais capitalista é a produção», como notava Eugen von Böhm-Bawerk, «tanto menor é a cota das forças produtivas do ano consumidas no próprio ano e tanto maiores os produtos intermediários que estarão prontos para o uso apenas nos períodos sucessivos; e ainda em períodos tanto mais distantes quanto mais elevado é o grau capitalista».

Há um limiar além do qual a arrecadação de impostos incide sobre a sustentabilidade das atividades econômicas: um limiar, portanto, que marca o início de uma fase *apocalíptica* na qual reemergem de uma só vez todas as contradições que estavam ocultadas. Superprodução e superconsumo se apresentam juntos, e ao mesmo tempo dão razão aos apologistas da oferta e aos paladinos da demanda: é necessário estimular os consumos e, ao mesmo tempo, já não é possível fazê-lo sem paralisar o processo de acumulação. Neste ponto, já não é possível nenhum *trade-off* [contrapartida]: e a tragédia se realiza.

Na metade dos anos 1960, com efeito, a lubrificação do mecanismo começa a secar. A demanda recomeça a ficar escassa e é cada vez mais custoso estimulá-la. Desemprego e inflação chegam ao mesmo tempo, contradizendo a lógica keynesiana... Nos Estados Unidos, entram em crise tanto o modelo de produção fordista quanto os instrumentos políticos de sustentação do crescimento. A balança comercial entra numa fase deficitária e, para não ser obrigado a esvaziar Fort Knox em troca dos milhões de verdinhas desaparecidas pelo mundo (em particular nas reservas europeias), Richard Nixon, em 1971, abole a conversibilidade do dólar em ouro. Como se não bastasse, a crise energética de 1973 coloca fim à exploração pré-capitalista do petróleo. É claro, uma nova geração de consumidores foi formada pelos «convencedores ocultos» da Madison Avenue e pelos «mestres do mau» da contracultura libertária de 1968, mas diante de uma crise de acumulação permanece o problema de como financiar todo esse desejo liberado.

A classe adequada, tornada classe média, cresce até o ponto em que o sistema produtivo não esteja mais à altura de suportá-la: o setor primário e o setor secundário podem talvez gerar mercadorias o bastante para satisfazer uma ampla gama de necessidades, mas não *realizar* mais-valia suficiente para financiar os crescentes investimentos — de ostentação e formativos — que os membros da classe devem sustentar para garantir a própria permanência em seu interior. A classe inadequada não está a salvo da ameaça da «grande desvalorização» sobre a qual Lohoff e Trenkle escrevem no já citado *Die grosse Entwertung*. No fim das contas:

> O enorme crescimento do setor terciário nos últimos trinta anos, longe de ser o resultado de uma nova dinâmica de acumulação gerada dentro desse setor, nada mais é do que o efeito derivado da expansão do capital fictício. A maioria dos empregos nos serviços é, de modo direto ou indireto, totalmente dependente dos fluxos provenientes do setor financeiro e não pode, por si só, sustentar-se.

TEMPO GANHO

O ponto é que, obviamente, as contradições *não haviam sido resolvidas*; acumularam-se, secretamente. As disfunções geradas pela divisão do trabalho se tornaram cada vez mais difíceis não apenas para o poder público, mas, além disso, o desenvolvimento hipertrófico do Estado tinha começado a produzir novas disfunções. Tratava-se apenas de «tempo ganho», para citar Wolfgang Streeck. No fundo, se acreditamos em Robert J. Gordon e em sua teoria da ascensão e do declínio, os extraordinários resultados do capitalismo de Estado pós-bélico não dependiam tanto de alguma política eficaz de estabilização quanto das condições históricas excepcionais. Da Guerra, inclusive: como Keynes declarou com seu costumeiro otimismo cínico à BBC em 1939, a despesa militar podia funcionar como cura para o desemprego.

Os marxistas não se deixaram enganar. Suas análises se recusam a levar em consideração causas exógenas, como o desenvolvimento tecnológico, e se concentram nas contradições estruturais do desenvolvimento industrial. O economista belga Ernest Mandel fez isso praticamente ao vivo, pela primeira vez em 1963 com uma *Iniciação à teoria econômica marxista* na qual denunciava as contradições da economia mista, e, depois, em 1972 com um livro que marcou época porque desde o título da edição americana — *Capitalismo tardio* — propunha um ponto de vista novo e original. O capitalismo tardio, segundo Mandel, é a época em que todas as contradições emergem de forma explosiva, *desabam*, podemos dizer, desencadeando uma crise generalizada nas relações de produção. De fato, «o que hoje em dia é chamado de *recessão* nada mais é do que uma crise capitalista clássica *amortizada* pelo efeito do *welfare* público». Mas essa obra de contenção produz, por sua vez, efeitos colaterais. Contrariamente aos governos, que se vangloriam de conseguir controlar o ciclo expandindo o crédito e a massa monetária, Mandel e os outros marxistas haviam previsto com certa antecipação o aumento da inflação, o desmoronamento do sistema monetário internacional de 1971, a contração do comércio mundial e a recessão de 1974-1975. Mas como fizeram isso?

Os mais maliciosos sustentam que, à força de anunciar uma crise, mais cedo ou mais tarde acaba-se tendo razão. Karl Popper, como é notório, acusou a teoria marxista de não ser científica, uma vez que demasiado abstrata para poder ser refutada. Mas a doutrina *mainstream* não era assim tão mais sólida: diante das várias anomalias que se apresentaram no último meio século, cada vez mais foram adaptadas e forjadas novas hipóteses *ad hoc* para salvar o próprio núcleo. Do mesmo modo, os marxistas conseguiram fazer conviver sua teoria da «crise mortal» com várias soluções que ilustram por que ela é sempre postergada — e justamente esse exercício, de forma paradoxal, produziu algumas análises dignas de interesse. O indicador mais sintomático para os críticos da economia política burguesa é a taxa de lucro, a respeito da qual, em conformidade com a teoria de Marx — particularmente não apreciada pelos economistas ortodoxos, keynesianos ou neoclássicos —, reconhecem uma *queda tendencial*. De maneira sobretudo contraintuitiva, com efeito, os marxistas sustentam que o progresso tecnológico num contexto concorrencial tende necessariamente a erodir o lucro do capitalista e, portanto, a levá-lo à falência. Mas a ideia não deve ser tão absurda se um guru como Jeremy Rifkin a redescobre hoje e faz dela o eixo fundamental de sua reflexão na recente *Sociedade com custo marginal zero*, atribuindo essa ideia a Oskar Lange e reassumindo-a da seguinte forma:

> Setor após setor, os custos de produção dos bens e serviços estão se deslocando para o zero, com a consequência de que os lucros estão sendo reduzidos e a consistência do PIB começa a vacilar.

Um embrião da ideia marxista já havia sido formulado por David Ricardo num capítulo («Sobre a maquinaria») acrescentado à edição de 1821 de seus *Princípios de economia política*: «À medida que o emprego da máquina se generaliza, o preço da mercadoria produzida como efeito da concorrência acabará por alinhar-se ao preço de produção», ou melhor, muito além do necessário para gerar lucro, mas também demasiado pouco para financiar a necessária reprodução do capital. Tratando-se de uma queda *tendencial*, compensada por várias tendências contrárias, esse fenômeno nem sempre é «visível»: muito visíveis são, pelo contrário, as ações adotadas para contrastá-lo, como o aumento das escalas de produção, a absorção das fábricas menores, a busca por novos mercados ou o rebaixamento do custo do trabalho. E, com efeito, graças a uma série de contramedidas, a taxa de lucro nos países desenvolvidos, depois de uma terrificante queda livre entre 1963 e 1975, recomeça a subir por volta do fim dos anos 1970 sem todavia trazer consigo as mesmas performances em termos de emprego dos tempos do *boom*. Algo similar aconteceu depois da crise de 2008, ainda que a mesma diferença entre retomada dos lucros e estabilidade do desemprego tenha sido inteiramente atribuída à «robotização». Esse fenômeno hoje é apresentado como de todo inédito e singular, mesmo que já em seu tempo Mandel falasse de uma «terceira revolução tecnológica» para explicar a estupefaciente resiliência das economias avançadas.

A destruição provocada pela segunda guerra mundial, assim como os contínuos gastos em armamentos (o chamado «keynesianismo militar»), é parte integrante desse mecanismo regular. De seu lado, os governos, caso queiram enfrentar a queda da taxa de lucro, podem, segundo a doutrina keynesiana em voga nas economias mistas, intervir para ampliar a demanda imprimindo moeda ou criando déficit. Mas essas medidas têm, segundo os marxistas e também os neoclássicos, consequências desestabilizadoras a longo prazo. Tecnicamente, se a oferta monetária aumenta no mesmo ritmo da capacidade produtiva, o resultado vai ser o aumento da oferta de bens sem a alteração dos preços: tudo bem, em suma. Todavia, nos anos 1970, a inflação explode de maneira inexplicável, depois de alguns estrondos que na década anterior haviam alertado os economistas heterodoxos. Num artigo de 1972, Mandel escrevia:

> A inflação corresponde às necessidades imperativas de autodefesa do capitalismo, à vontade de evitar a todo custo um novo 1929. É para compensar temporariamente a diferença crescente entre a capacidade produtiva em contínua expansão e o poder de compra das massas que não conseguem manter o mesmo ritmo que se inflou de forma desmesurada o crédito ao consumo. E é para reduzir temporariamente a diferença entre a quantidade de capitais por valorizar e a massa de lucros estagnados que se aumentou desmesuradamente o crédito às empresas. Por trás da inflação permanente se perfilam as contradições clássicas que rasgam o capitalismo.

Desde 1964 Mandel havia teorizado acerca das tendências inflacionárias do capitalismo americano, denunciando seu efeito sobre o poder de compra dos trabalhadores. A «grande ilusão» sobre a qual falamos acima, a de um sistema econômico que não se dá conta da doença que o devora, passa também por aquele tipo particular de alucinação chamada moeda, que promete certa riqueza e nem sempre a mantém. Mas o problema da inflação no capitalismo tardio não diz respeito apenas aos significantes monetários, mas a toda a pretensa riqueza que nos circunda — todos os ativos materiais e imateriais cujo valor nominal não corresponde a nenhuma possibilidade real de liquidação: a começar pelas competências, diplomas e títulos da classe inadequada. Moeda de status cujo valor se aproxima do zero e que deve ser compensada com a acumulação frenética de ulteriores títulos desvalorizados.

A melhor coisa para compreender o que de fato é a inflação, que hoje os soberanistas chamam a plenos pulmões de remédio milagroso para o problema da dívida pública, seria ler o que Erich Maria Remarque narrava em seu romance *O obelisco negro*. Há o ritmo de *Speed* e a loucura de um filme de Kusturica nessa farsa trágica que conta a vida cotidiana nos tempos da República de Weimar, quando com um salário de 10 milhões de marcos se pagava um maço de cigarro e a (pouca) riqueza circulava na velocidade da luz antes de se dissolver na calada da noite... Mas a leitura desse romance é também útil, obviamente, como exploração do inconsciente «inflacionofóbico» dos alemães, escaldados por uma experiência traumática que teve seu cume entre os anos de 1922 e 1924, e que hoje ainda inspira — com rigidez evidente — a política econômica da zona do euro. Quando o economista liberal Jacques Rueff, hoje muito aclamado por um «tubarão» como o ministro das finanças alemão Wolfgang Schäuble, falava da inflação como o «pecado monetário do Ocidente», era possível suspeitar que ele se deixasse levar por certo moralismo criptoprotestante. A manipulação monetária de forma alguma pode ser um tabu. Entretanto, anunciando em 1971 a «progressiva degradação do sistema», Rueff não estava tão distante da verdade e se aproximava das análises dos marxistas. Segundo Mandel, a inflação é uma das principais características do capitalismo em declínio:

um remédio de curto prazo, uma vez que logo a diminuição do poder de compra acaba por destroçar a demanda e obstaculizar a acumulação. Para citar mais uma vez Lohoff e Trenkle, «a expansão do capital fictício constituiu um modo peculiar de adiar a crise, mas não era possível fazer isso a não ser acumulando um ulterior potencial de crise, agora pronto para explodir».

Uma segunda consequência das tentativas (cada vez menos eficazes) de regular o ciclo com o gasto público é a chamada «crise fiscal do Estado», explicada em 1972 por outro economista marxista, James O'Connor. Em seu *USA: a crise do Estado capitalista* ele descreve a incapacidade dos poderes públicos de desenvolver sua função reguladora para além de certo limiar de taxação não mais compatível com a sobrevivência da livre-iniciativa. Quando esse limiar é atingido, o Estado no capitalismo tardio acaba por endividar-se cada vez mais. Com efeito, desde o início dos anos 1970 a curva da dívida pública americana, até então achatada como o horizonte, sobe como uma flecha lançada para o alto. Dívida significa lucros, lucros significam despesa pública ulterior, despesa pública significa aumento de arrecadação fiscal... e o aumento da arrecadação fiscal significa, «uma vez que os trabalhadores não podem eludir o pagamento dos impostos retidos na fonte», como notou Ernest Mandel num artigo de 1992, «uma redistribuição da renda nacional à custa dos trabalhadores e com benefício para a burguesia».

Se as críticas de Mandel e O'Connor se dirigiam às contradições do «capitalismo real» implementado pelos governos social-democratas, o verdadeiro adversário teórico foi identificado mais precisamente pelo ativista de origem alemã Paul Mattick quando publicou, em 1969, seu *Marx e Keynes. Os limites da economia mista*, uma crítica aprofundada das teses largamente dominantes na época. Segundo Mattick, a teoria keynesiana caracterizava o capitalismo que chegou à maturidade. Paul Mattick é uma figura fascinante da história do socialismo revolucionário: operário de profissão, emigrado da Alemanha para os Estados Unidos em 1926, ativista de conselhos municipais influenciado pela obra de Rosa Luxemburgo e de Henryk Grossmann... Em seu breve texto de 1971, «Divisão do trabalho e consciência de classe», Mattick fornece uma síntese eficaz da relação entre crise do capitalismo, medidas keynesianas e desenvolvimento do trabalho improdutivo:

> A expansão da produção improdutiva induzida pelo Estado e por este financiada com o déficit da balança, isto é, com massivas injeções de crédito na economia, manteve o emprego em um nível que, longe de corresponder à taxa de acumulação indispensável, está ligado ao aumento constante do débito público, da pressão fiscal e da inflação. Ao mesmo tempo, cresce regularmente a parte do trabalho improdutivo em relação ao trabalho social global.

Mattick se refere à atividade de «professores, médicos, pesquisadores, cientistas, atores, artistas etc.». A esses setores é possível acrescentar, sem muita dificuldade, a função pública e a especulação financeira: em suma, toda a classe burocrática ou gerencial, no sentido que a estas dava James Burnham em seu profético ensaio *A revolução gerencial*, de 1941. Eis aí nossa classe inadequada, empenhada no processo de circulação e valorização do capital. Mas o conceito de trabalho improdutivo não deve ser compreendido em sentido moral ou moralista: segundo Mattick, «por mais útil ou necessário que possa ser, deve ser considerado improdutivo» porque «tudo o que eles percebem provém da renda dos capitalistas ou do salário dos trabalhadores». Em suma, o problema não está no fato de que certas atividades não sejam úteis, mas que para além de certo limiar obstaculizam a acumulação de capital necessária para que o sistema se reproduza. Como indicava a doutrina burguesa clássica, nas palavras de Jean-Baptiste Say, um produto que é totalmente consumido, ou melhor, destruído, é *privado de saída*.

A distinção entre trabalho produtivo e trabalho improdutivo deriva de Adam Smith, mas, paradoxalmente, foram os teóricos marxistas que dela se ocuparam num tempo em que para remediar o crescimento procuraram desesperadamente novos bens e serviços para sobrevalorizar. O que Smith por sua vez não havia expressado de forma clara — e que, pelo contrário, Malthus intuiu — é que a função do assim chamado trabalho improdutivo é *precisamente* consumir a riqueza produzida. Segundo Mattick, a crise do capitalismo se manifesta com o crescimento hipertrófico do trabalho improdutivo, que, como uma esponja, irá absorver os excessos da produção:

> Daí a necessidade de utilizar de forma improdutiva esse excedente irrealizável para manter num nível socialmente aceitável as capacidades de produção e de emprego. Desse ponto de vista, o problema do trabalho produtivo e improdutivo é remetido ao desperdício do trabalho para fins improdutivos, isto é, destrutivos.

Neste ponto do percurso podemos propor uma definição mais técnica do conceito de que nos ocupamos nestas páginas: «A classe inadequada é o resíduo humano deixado pelas crises de superprodução no momento em que já não é possível financiar o consumo improdutivo».

A POBREZA NA ABUNDÂNCIA

As observações dos marxistas sobre a inflação ou sobre os gastos públicos improdutivos, e em geral sua desconfiança em relação à capacidade dos governos de regular o ciclo capitalista, podem aparentemente convergir com as teorias avançadas dos economistas que hoje são chamados de «neoclássicos» ou «neoliberais» (nos anos 1960 se falava, pelo contrário, de «neoclássicos», «neoliberais» ou «neocapitalistas» para falar dos apoiadores da economia mista). Com uma grande diferença: que a solução proposta pelos nossos economistas neoliberais, ou melhor, uma decisão de retorno ao *laissez-faire*, segundo os marxistas claramente não pode evitar a crise, mas serve para gerenciá-la. O que para um marxista se mostra de forma evidente como um sintoma da crise, isto é, o rebaixamento do nível dos salários, para um neoclássico seria apenas um ajuste do sistema: se o custo do trabalho se rebaixa para além do limiar de pobreza, por exemplo, o economista «burguês» dirá que isso apenas segue a lei da oferta e da procura. Para o trabalhador, isso permanece uma tragédia.

Todavia, a falência do paradigma keynesiano já se mostrava para todos e parecia ter chegado o tempo de uma mudança da guarda, simbolizado pelos prêmios Nobel entregues a Friedrich von Hayek, em 1972, e a Milton Friedman, em 1976, «por sua demonstração da complexidade da política de estabilização». Quarenta anos depois, é preciso reconhecer que nem mesmo isso serviu para interromper o desmoronamento. O retorno, depois da grande crise de 2008, dos neokeynesianos ou diretamente dos fetichistas da inflação, junto com o prêmio Nobel a Paul Krugman, em 2008, assinala que o vento mudou mais uma vez. De fato, voltamos «à estaca zero», e parece que não aprendemos nada. Os velhos livros de Mandel, Mattick e O'Connor encontram-se nas bancas de livros usados; Lohff e Trenkle não são traduzidos por ninguém. Para dar paz à consciência crítica basta saber pronunciar a palavra «neoliberalismo».

As políticas de Thatcher (1979-1990) no Reino Unido e de Reagan nos Estados Unidos (1981-1989) — inspiradas na escola neoclássica e integradas com outras de sinal oposto — foram a enésima manobra de correção do capitalismo para assegurar sua sobrevivência. Fala-se de privatizações, lutas contra os sindicatos, luta contra a inflação: todas essas medidas voltadas, por um lado, para sustentar a competitividade da oferta compensando a queda da taxa de lucro e, por outro, para recuperar com o custo do trabalho aquilo que havia sido cedido e que se continuava a ceder às custas do Estado. As medidas de estímulo não foram abandonadas pela demanda e pela política monetária expansiva, que associadas à desregulamentação dos mercados financeiros permitiu inundar o mercado com «dinheiro fácil». Outro expoente da escola austríaca, Alexander Gerschenkron, havia ilustrado, em 1951, a maneira como a financeirização pode vir a compensar (por exemplo, nos países em desenvolvimento) uma falta de capital acumulado, com o fim de acelerar o crescimento econômico. Mas *acelerar* um processo significa também fragilizá-lo, e é isso que acontece e sobre o que testemunham as crises cada vez mais frequentes. O excesso de crédito diante de uma escassez de recursos disponíveis é uma potente força de desestabilização, como já havia mostrado o próprio Hayek em *Profits, Interest and Investment*.

Nesse entretempo, o desenvolvimento do comércio internacional continuou a acelerar o processo de divisão mundial do trabalho abrindo ao mesmo tempo colossais vias para a exportação do mais típico e apreciado dos produtos americanos. Pensaram no milho? Não, o *dólar*. Toda a economia americana estaria fundada, nos anos por vir, nessa monocultura paradoxal, ou melhor, sobre o «privilégio exorbitante» que consiste em controlar a moeda de reserva internacional. E com tudo isso, por fim, conseguiu-se mais uma vez adiar o apocalipse. Por sua vez, este se reapresentou, pontual, na explosão da bolha financeira de 2008.

As responsabilidades do famigerado «neoliberalismo» nesses acontecimentos resultam vagamente exageradas e nos impedem de observar o núcleo da natureza essencialmente trágica dos ciclos de acumulação. Na prática, o neoliberalismo se realizou violando uma parte dos princípios substanciais da doutrina que o inspirava: o certo é que não se conseguiu inverter praticamente nenhuma das tendências de longo período supracitadas — salvo a queda da taxa de lucro. O próprio Reagan foi artífice de uma política deficitária e justificou a redução das taxas com o argumento de que isso estimularia a demanda agregada, propondo, em suma, um inédito keynesianismo de direita. A atual dívida pública americana, no fim das contas, é apenas o resultado da coexistência descoordenada entre uma política de gasto ambiciosa (em particular, no que diz respeito aos gastos militares) e uma política fiscal concentrada na competitividade. Sem falar na dívida italiana, resultado do ajuste utópico de gastos com a receita virtual imaginada líquida de uma evasão fisiológica. Para além do neoliberalismo: o problema era congênito à estrutura do capitalismo industrial, o sistema sobre o qual os keynesianos declaravam ter resolvido as contradições.

Hoje, surge a suspeita de que a gestão da economia apenas pode responder às regras da curatela falimentar, ou, dizendo com mais elegância, da administração da catástrofe. É o «realismo capitalista» sobre o qual escreveu Mark Fisher poucos anos antes de tirar a própria vida no ápice de uma depressão que, sem dúvida, tinha uma sólida base em sua concepção da economia. À luz disso tudo, como é possível que o debate público siga seu caminho tratando a «crise» como um incidente de percurso que logo será superado? Há sobretudo uma razão cultural: a maioria da população hoje vivente nasceu depois dos anos 1930 e não conhece nada além da sociedade do bem-estar. Há assim uma inquietante explicação política: a classe dirigente não pode permitir que se revele a própria falência; deve continuar a prometer, prometer, prometer, financiando a própria subsistência com a dívida pública. Se necessário, encontrando um bode expiatório naquelas que são as *consequências* do desmoronamento ou, de forma mais precisa, os novos instrumentos que encontramos para gerenciá-la: a expansão do comércio internacional, a financeirização, a robotização, a imigração, o euro etc.

De forma mais profunda, o ponto é que vivemos uma evidente defasagem entre a teoria abstrata do desmoronamento e a experiência concreta da abundância. Enquanto os indicadores quantitativos (desenvolvimento, balança, emprego etc.) narram uma situação de todo degradada, por outro lado registramos o proflúvio das mercadorias e a quantidade de capital que circula nas artérias da finança mundial. Aqui, devemos acertar as contas com outra noção ainda mais contraintuitiva, mesmo que já intuída nos tempos de Sismondi e Hegel, isto é, que por mais rica que seja a sociedade capitalista *jamais é rica o bastante*. Antes de tudo, a massa monetária não é o significante de uma riqueza fungível, mas um instrumento de sua circulação: quem pensasse poder simplesmente transformá-la, por exemplo entregando-a novamente ao consumo, realizaria num instante a «grande desvalorização» temida por Lohoff e Trenkle. Além disso, não é a escassez das mercadorias industriais que inquieta a classe inadequada, mas a escassez estrutural dos bens de ostentação que garantem o reconhecimento. Não há modo de garantir a todos o acesso aos mesmos bens de ostentação, justamente porque, uma vez que são de ostentação, é sua distribuição desigual que determina a demanda. Para citar *Limites sociais do crescimento*, de Fred Hirsch:

> À medida que a demanda de bens simples (*purely private goods*) é progressivamente satisfeita, aumenta a demanda de bens e serviços com um caráter social.

Nesse contexto desolador, existe uma ampla literatura que demonstra que, no geral, o mundo está se tornando um lugar melhor, uma vez que faixas cada vez mais amplas da população têm acesso a novos bens e serviços fundamentais. Mas esse exercício de teodiceia não leva em conta o fenômeno da *pobreza relativa*, ou seja, a diferença crescente entre quem é mais rico e quem é mais pobre, e o efeito devastador do desclassamento, que produz uma defasagem entre expectativas e resultados individuais. Esses dois fenômenos, hoje, são compreendidos mais como *diferença de status* do que diferença na distribuição dos recursos. Se a produção geral continua efetivamente a aumentar e, portanto, a satisfazer necessidades, é também verdade que isso acontece num contexto econômico profundamente instável. O preço altíssimo que pagamos para fazer girar a máquina do bem-estar está na compressão dos salários de uma massa crescente de trabalhadores, na desocupação em massa e na progressiva erosão da poupança acumulada do estrato médio. O problema, levantado recentemente por vários comentaristas, é a *polarização* de nossa sociedade: não apenas há quem vence e quem perde, mas a diferença entre o máximo e o mínimo continua a crescer de maneira exponencial. A concorrência pelo status, ou melhor, para saltar de um mínimo ao máximo, torna-se cada vez mais desesperada e custosa. E tudo isso, graças à retórica dominante do «sucesso», sem que a passagem do mínimo ao máximo nunca se mostre impossível. O preço da mobilidade ascendente é a mobilidade descendente. Todo salto para o alto pode terminar numa queda destruidora: e essa é precisamente a trajetória da classe inadequada.

A terra das oportunidades é também uma sociedade do risco. O slogan inquietante de Margaret Thatcher — «There is no alternative» [não há alternativa] — acrescenta a essa existência uma perspectiva terrível: se isso é o melhor dos mundos possíveis, imaginem os outros.

OS CINCO ESTÁGIOS DO COLAPSO

Entre os grandes «declinistas» que estudaram o refreamento das economias avançadas encontramos ainda dois marxistas: Imanuel Wallerstein e Giovanni Arrighi. Ambos haviam antecipado de algum modo a crise de 2008 estudando as tendências de longo prazo e individualizando recorrências em algumas experiências históricas. Wallerstein deu importantes contribuições à definição do conceito de capitalismo, compreendido como uma complexa rede que incorpora uma série de interações entre vários níveis de economia; projetou então essa visão no arco histórico, individualizando, desse modo, ciclos sistêmicos recorrentes. Os frutos dessa pesquisa consentiram a Arrighi ampliar o espectro dos fatores sobre os quais refletir: a cada ciclo sistêmico de acumulação corresponde determinado regime hegemônico de acumulação.

Arrighi individualiza quatro deles: genovês, holandês, britânico e estadunidense. Em *Caos e governabilidade*, Arrighi descreve a transição da hegemonia holandesa para a britânica no século XVIII e a transição da hegemonia britânica à estadunidense no fim do século XIX. Arrighi mostra de que modo uma fase expansiva, caracterizada pela produção e pelo comércio, sempre é seguida por uma crise de acumulação cuja financeirização é um sintoma frequente. A partir do século XVII e ao longo dos quatro séculos subsequentes, o Ocidente capitalista viu o desenvolvimento exponencial de uma série de índices (econômicos, demográficos e técnico-científicos) que o levaram a desenvolver-se sobre todo o globo. Um fato único em toda a história humana. Esse crescimento exponencial chegou a um termo? Bolhas financeiras, crises internacionais, guerras exteriores parecem ser os sinais de um declínio quase irreversível.

Anunciando um declínio dos Estados Unidos que marcaria o fim do «longo século XX» para corrigir Hobsbawm, o estudioso propõe assim uma aproximação cíclica: uma tradição que tem uma longuíssima e interessante história. Os intelectuais além do Atlântico parecem estar cada vez mais convencidos de que algo grandioso está acontecendo. É o fim do século americano, *baby*, o início da estagnação secular das economias avançadas, como proclamou o ex-secretário do Tesouro Larry Summers. Sem dúvida, como já notava Samuel P. Huntington, a percepção do declínio é uma constante na história dos Estados Unidos (e não só). No fim dos anos 1980, o historiador Paul Kennedy tinha atirado a pedra em seu *Ascensão e queda das grandes potências*, exercício ulterior afortunado de história cíclica. Mas essa persistência do declinismo não basta para liquidar como inconsistente a hipótese em si, diante da tendência de décadas de desaceleração do crescimento do PIB dos países da Organização para a Cooperação e Desenvolvimento Econômico (OCDE).

Em suas análises do capitalismo tardio, Ernest Mandel havia popularizado a ideia de que o desenvolvimento capitalista seguia ciclos longos com duração entre cinquenta e setenta anos, inspirando-se na teoria do economista soviético Nikolai Kondratiev. Essa mesma teoria tornou-se recentemente moda quando foi citada por Paul Mason em seu *Pós-capitalismo*, de 2015 (mesmo sem jamais fazer referência a Mandel), e manifesta sobretudo uma necessidade natural de dar sentido à brutal sucessão de períodos de expansão e de crise. Se de fato é possível produzir uma sólida teoria nesse âmbito — ou mesmo fazer previsões sobre a duração dos ciclos —, é algo com frequência contestado. Em contrapartida, que seja possível identificar estados em cada ciclo de desenvolvimento, «fases» recorrentes, é algo que pode servir ao menos para representar o fenômeno.

O economista americano Walt Whitman Rostow propõe, em 1960, articular o crescimento nos seguintes cinco estágios: 1) sociedade tradicional; 2) precondição do desenvolvimento; 3) decolagem; 4) caminho em direção à maturidade; 5) difusão dos consumos de massa. Mas, uma vez que hoje vivemos *depois* da fase ascendente do desenvolvimento, num ponto inédito do quinto estágio de Rostow, será melhor nos interrogarmos sobre quais poderiam ser as fases sucessivas. Um extravagante engenheiro russo-americano, Dmitry Orlov, propôs recentemente uma teoria dos «cinco estágios do colapso», inspirada pelas analogias entre a União Soviética no fim dos anos 1980 e os Estados Unidos dos anos 2000. Os estágios, segundo Orlov, são os seguintes:

> 1) *Colapso financeiro*: desconfiança no valor dos ativos financeiros, crescente risco de insolvência e dificuldade de acesso ao crédito.
> 2) *Colapso comercial*: desconfiança na economia de mercado, desvalorização da moeda, crise do comércio internacional, escassez.
> 3) *Colapso político*: desconfiança na representação, perda de legitimidade da classe política.
> 4) *Colapso social*: desconfiança entre os indivíduos e entre as comunidades, conflitos internos no seio das estruturas que deveriam preencher o vazio deixado pela política.
> 5) *Colapso cultural*: desconfiança na humanidade, perda dos valores, crise das estruturas familiares, competição acentuada.

Em certo sentido, esses estágios coexistem, uma vez que no momento em que se realiza o colapso político em grande parte dos países ocidentais — a eleição de Donald Trump é sintomática — vemos já os sintomas do colapso cultural, ainda que as conclusões de Orlov soem excessivamente catastróficas mesmo para nossos ouvidos. Todavia, a formalização do crescimento e do colapso em estágios (porquanto abstratos) permite confrontar situações e épocas diversas, o que resulta particularmente interessante para analisar o fenômeno da classe inadequada, que não é nada inédito. Há uma classe inadequada sempre que a classe consumidora não consegue mais alcançar suas próprias fontes de bem-estar e reage investindo, muito além das próprias possibilidades, numa competição para conservar o próprio status — competição fratricida, interna à classe, que acelera sua autodestruição.

Para encontrar uma primeira formulação dessa ideia temos de remontar ao século XIV e nos deslocar para a África do Norte. Com sua *Muqaddima*, em 1377, Ibn Khaldun provavelmente foi o primeiro autor a propor uma «ciência da História» centrada na ideia de que os acontecimentos humanos seguem ciclos regulares — nascimento, desenvolvimento, decadência — e analisa detalhadamente as causas que levam às transformações sociais e às revoluções culturais. Esse texto é de fato a introdução (em árabe *muqaddima*) de um tratado mais amplo sobre a história universal, compreendido como «livro dos exemplos» a serem seguidos ou não. Khaldun, considerado por muitos estudiosos como inventor da primeira «ciência da organização social», «pai da economia» ou mesmo «pai da divisão do trabalho», propõe sobretudo um primeiro esboço de teoria dos ciclos econômicos. O esquema ascensão-decadência de Khaldun não está muito distante da teoria dos estágios de desenvolvimento de Rostow.

Do confronto com a obra khalduniana é possível extrair uma hipótese de trabalho no mínimo surpreendente: as disfunções que até agora atribuímos ao capitalismo industrial caracterizam, no fim das contas e de modo mais geral, toda sociedade em que opera a divisão social do trabalho. Desde o momento em que se articula uma cadeia de valores, mais ou menos longa, torna-se necessária uma negociação entre periferia (de onde provêm as matérias-primas) e centro (onde são transformadas): o centro deve estar em condições de gerar um excedente suficiente para garantir tanto a própria subsistência quanto a dominação sobre a periferia. O que falta no centro não é tanto a propensão a consumir, tendencialmente ilimitada, quanto a capacidade de produzir algo útil para financiar esse consumo: se da periferia chegam cada vez mais grãos, no centro são produzidos cada vez mais teólogos e advogados. Mas, se os teólogos sempre encontrarem um modo de consumir o grão, os camponeses logo terão advogados o bastante; e é assim que se chega a uma espécie de crise de superprodução *ante litteram*. O capital simbólico que deveria servir ao centro para governar a periferia se inflacionou por causa do desenvolvimento da classe consumidora; demanda e oferta já não estão em condições de se encontrar, porque o equilíbrio entre as necessidades das diversas classes sociais progressivamente ficou defasado — nos tempos de Ibn Khaldun assim como nos nossos, com a substancial diferença de que a industrialização acentuou o processo. Em virtude dessa hipótese de trabalho, poderemos nos permitir a análise das condições da classe inadequada à luz de experiências estranhas ao capitalismo em sentido estrito, citando nos próximos capítulos exemplos extraídos de Shakespeare, Molière, Goldoni e Tchekhov.

Se o princípio dos ciclos se encontra já nos gregos, notoriamente nas *Histórias* de Políbio, aqui é o caráter sistemático da pesquisa que é ressaltado. A ideia genial do filósofo magrebino foi aplicar aos fenômenos sociais os estudos de Aristóteles sobre a geração e a corrupção das formas de vida. Segundo Ibn Khaldun, todo ciclo histórico é composto de uma fase de ascensão, caracterizada pela acumulação de riqueza e por valores tradicionais, e por uma fase de decadência, caracterizada pela perversão dos costumes, por uma taxação cada vez mais elevada e pelo luxo. A geração tem em si as sementes da degeneração, a degeneração tem em si as sementes da sucessiva geração. O ponto máximo do desenvolvimento coincide com o início da corrupção. Nessa fase proliferam as ciências especulativas e as artes, financiadas com o excedente acumulado na fase precedente. Em suma, Ibn Khaldun era muito consciente de ser, ele mesmo como intelectual, ao mesmo tempo um produto do *boom* econômico e um sinal da decadência. Um expoente paradigmático da classe inadequada, além de ser seu primeiro grande teórico.

A SUPERPRODUÇÃO DAS ELITES

É possível aplicar esse modelo vitalista da história a diversos fenômenos e níveis, entre si sobrepostos como as engrenagens de um único mecanismo. Antes de tudo, aplica-se às civilizações e às dinastias: Ibn Khaldun descreve em detalhes as parábolas dos califados omíada e abássida. Mas o que mais nos interessa aqui é que o modelo khalduniano pode ser aplicado à economia. Nesse antigo texto podemos assim encontrar instrumentos interpretativos para compreender como advêm as mudanças de paradigma. As perguntas que coloca nos dizem respeito: como reconhecer os sinais de uma crise quando emergem? É possível sustentar um desenvolvimento econômico sem limites? Como evitar acabar como acabaram os omíadas e os abássidas?

Respeitando rigorosamente os preceitos do Corão, segundo Khaldun em teoria seria possível evitar o declínio, mas na prática nenhuma dinastia jamais conseguiu resistir à corrupção dos costumes. O mecanismo descrito em *Muqaddima* tem algo inexorável:

a ética corânica — como em Max Weber, seis séculos mais tarde, a protestante — permite produzir riqueza, mas o excesso de riqueza erode necessariamente os valores tradicionais, retroagindo sobre as condições necessárias da produção. Na fase de urbanização, os fatores produtivos são mobilizados de forma cada vez mais massiva para alimentar um «sistema do prestígio» (*jâh*), ou melhor, uma custosíssima competição para a acumulação do poder e, portanto, dos recursos. Por absurdo que possa parecer, mais recursos são desperdiçados para *subtrair* recursos de quem os produz do que para *produzi-los* diretamente. E a competição se torna tanto mais dura quanto mais raros são os recursos por dividir uma vez que, escreve Khaldun, «quando a alma se habitua a algo, esse algo entra em sua constituição e se torna parte de sua natureza». A história do pensamento econômico, a partir do debate entre Ricardo e Malthus sobre o consumo improdutivo, deveria ter nos convencido do fato de que a «corrupção dos costumes» não é apenas um efeito colateral da acumulação, mas justamente seu mecanismo de regulação. Trata-se, como vimos, de estimular os consumos para não sofrer as consequências da superprodução.

Segundo Ibn Khaldun, ao menos é possível reconhecer se estamos vivendo numa fase de crescimento ou de decadência: o principal indicador é o desequilíbrio entre produção e consumo. Em seu tempo, uma vez que a economia era essencialmente agrícola, o equilíbrio era definido pela relação entre campo (produtores) e cidade (consumidores). Também podemos dizer: entre a classe trabalhadora e a classe adequada, e, para atualizar sua análise de acordo com nossas atuais inquietações, de fato é necessário incluir ao menos a indústria entre os setores produtivo, ainda que a questão do que pode ser definido «produtivo» seja incrivelmente complexa. O especialista em energia Vaclav Smil, guru de Bill Gates, explica o declínio da potência econômica americana por meio da crise do setor manufatureiro americano: para ele, uma sociedade que deixa de produzir bens materiais está destinada a colapsar. O «elefante na sala» nesse debate é naturalmente a China, nação em ascensão segundo o esquema de Ibn Khaldun, ou melhor, nação que produz mais do que consome, nação agrícola e manufatureira, nação ainda animada por uma forte ética do trabalho.

É claro que os lucros do setor produtivo (primário e secundário) podem ser compensados por aqueles, muito mais elevados, do terciário, quando não diretamente pelos da finança, ou seja, todas as profissões às quais se destina a classe média. Com efeito, é a esse tipo de economia «imaterial» que os países ocidentais estão progressivamente se direcionando ao longo do último meio século, produzindo inclusive uma «ideologia da Classe Criativa» específica, claramente formulada nos livros do americano Richard Florida. Da Apple à City of London, a nova riqueza das nações está em ter ocupado a extremidade mais rentável da cadeia de valor. Por isso, o historiador Hosea Jaffe podia sustentar que todo o Ocidente gozou da mais-valia extraída dos trabalhadores do terceiro mundo, estes que vivem na outra extremidade, inóspita, da cadeia de valor internacional. Segundo essa análise, toda a classe trabalhadora ocidental deve ser considerada tendencialmente improdutiva, no sentido de que absorve e consome uma mais-valia derivada da expropriação (direta ou indireta) do trabalho deslocado para o terceiro mundo. Esse trabalho é o *fundamento* de todo o sistema, desde que subsistam as condições de sua exploração. E na outra extremidade está o terciário avançado que em outro sentido funda a ordem social global, produzindo os símbolos, as formas e a ideologia que lhe garantem a coesão.

É essa extorsão, aliás, que dá base para todo o sistema de troca desigual que descrevemos.

Com a cultura se come bem, quando se domina a economia mundial e a cultura pode ser utilizada como título de dominação no trabalho. Mas isso é possível apenas enquanto vige esse sistema de trocas desigual que mantém em pé a cadeia do valor internacional, ou melhor, a relação global entre o consumo e a produção. Trata-se, para citar Paul Mattick, de manter sob controle «a parte do trabalho improdutivo em relação ao trabalho social global», ou ainda, o equilíbrio de um sistema presa-predador como aqueles estudados pelos matemáticos Lotka e Volterra. Quando a renda de ostentação da classe consumidora entra em crise, começa a se colocar a dramática questão da classe inadequada. A «cidade» (para usar a categoria da *Muqaddima*) encontra-se em situação de superpopulação relativa em relação ao trabalho e aos recursos que explora, e se vê obrigada a uma competição cada vez mais agressiva tanto dentro dos próprios muros (para a partilha) quanto fora (para apropriação). Mas a competição na partilha obstaculiza a cooperação e, portanto, torna cada vez menos eficaz o processo de apropriação.

Esse mecanismo é ilustrado bem por Peter Turchin, biólogo russo-americano que estuda a evolução cultural e também um dos pais da onda neokhalduniana nos Estados Unidos. Seu livro, *War and Peace and War: The Rise and Fall of Empires*, publicado em 2007, propõe um método histórico-quantitativo fortemente influenciado por Ibn Khaldun. Com alguns sensacionalismos, a revista *Wired* definiu Turchin «o historiador que prediz o futuro recorrendo aos dados do passado». Por sua vez, o *New Scientist* falou dos «cálculos que demonstram que os Estados Unidos estão para falir». O historiador-biólogo especifica que o problema da «superprodução de elite supereducada» está no coração do desequilíbrio econômico. Segundo Turchin, em toda sociedade desde os tempos antigos o aumento da população provoca um excedente relativo de oferta de trabalho no mercado e, assim, uma erosão dos salários, levando os indivíduos a investir cada vez mais e a competir de maneira mais agressiva a fim de ter acesso às melhores posições. Isso com frequência também leva a uma regulação demográfica, como no caso da classe média ocidental que amortece com uma taxa de natalidade decrescente seu empobrecimento relativo.

Estudar está cada vez mais caro, mas a quantidade de postos de trabalho disponíveis é cada vez menor. Para a sociedade a soma crescente dos investimentos constitui uma perda clara, uma vez que na maior parte dos casos o investimento não dá conta de pagar seu custo. Desse modo, cresce a cota de riqueza consumida sobre o total acumulado: o que, na *Muqaddima*, como vimos, é índice de que se encontra em uma fase de decadência. Confrontando vários estudos de caso, Turchin conclui que os Estados Unidos estão terminando como o império romano e que o mais vívido indicador quantitativo da crise é... a abundância de advogados. Exatamente como em nossos modernos parlamentos e também como no Cairo do século XIV, transformado, segundo Ibn Khaldun, numa selva de *fatwa* contraditórias por um exército de magistrados ignorantes e de muftis corruptos.

«A prosperidade estimula um aumento da população», ilustra Turchin, e o «crescimento demográfico causa a superpopulação, a superpopulação leva ao rebaixamento dos salários». Num primeiro momento, o rebaixamento dos salários afeta apenas as faixas baixas da classe consumidora, mas logo também os estratos mais altos começam a senti-lo em seu padrão de vida.

Isso provoca descontentamento e conflitos, e, nesse ponto, «as elites se voltam para o Estado a fim de que seja garantido seu emprego e renda suplementar, levando o gasto público a crescer justamente enquanto a arrecadação fiscal diminui» por causa da crise. O Estado começa assim a perder o controle dos próprios órgãos, da polícia e do exército, enquanto o conflito interno das elites evolui para uma guerra civil. As elites começam a perder sua legitimidade, fenômeno visível no mundo contemporâneo e que alguns chamam «populismo» e outros, como o matemático Nassim Nicholas Taleb, analisam como uma verdadeira «revolta contra os especialistas».

Em 2013, o prêmio Nobel Paul Krugman, líder dos economistas neokeynesianos, evocava em seu blog as teorias de Ibn Khaldun e de Peter Turchin para enfrentar o tema da inovação. O mesmo tema que chamou a atenção do historiador medieval também chamou a de Mark Zuckerberg, fundador do Facebook, que em 2015 o citou entre suas leituras. Ainda que Khaldun não tenha exatamente se ocupado de «inovações» (teria sido um evidente anacronismo), suas análises das mudanças de dinastias ensinam algo importante sobre o modo como as grandes estruturas — e, por isso, os sistemas econômicos, os grupos humanos, mas também as empresas — tendem a colapsar por causas internas. Essa análise é legível nos dois sentidos: se, por um lado, a reflexão de Ibn Khaldun pode ajudar a compreender certas disfunções das grandes estruturas empresariais, por outro, a observação dessas realidades econômicas específicas fornece exemplos concretos das taras que ameaçam toda a sociedade.

De acordo com estudos recentes, apenas 5% das empresas americanas cresceram por um período contínuo de dez anos. Além disso, a vida média de uma empresa em 2007 era de doze anos, enquanto em 1990 era o dobro. Os ciclos de geração e corrupção se sobrepõem em um ritmo cada vez mais frenético num contexto de concorrência exacerbada. A fase de decadência no ciclo é caracterizada por uma tendência à inovação cada vez menos forte, até a paralisia total. Citando o exemplo da Microsoft, Krugman usava a expressão «losing the edge»: sair de moda, perder o toque de mágica. No fundo, é mais ou menos o que aconteceu com os pobres omíadas e com todas as dinastias árabes que no medievo procuraram formar um Estado grande e centralizado. Chegadas ao ápice de seu desenvolvimento, essas sociedades perdiam o elemento que até então lhes decretava o sucesso: a *asabiyya*, a capacidade de se auto-organizar, de operar coletivamente, de *cooperar* em vez de queimar imensos recursos na luta pelo prestígio.

O ensinamento de Ibn Khaldun permanece válido hoje porque os problemas das grandes empresas se parecem, de modo surpreendente, àqueles dos antigos Estados. Quando acaba a *asabiyya* os governantes tendem a se isolar do resto da população, justamente como nas grandes empresas que multiplicam os níveis e os *step* [etapas] de decisão, com frequência realizando numa vasta escala o «princípio de incompetência» formulado em 1969 por Laurence Peter, que nos ensina que toda organização tenderá a forçar os próprios membros a ocupar seu máximo grau de incompetência. Nesse ponto, as inovações, anota Khaldun, apenas podem vir do exterior, das periferias, dos «bárbaros», ou melhor, dos representantes de um novo grupo social em ascensão. Se o próprio Ibn Khaldun pôde produzir uma obra tão original e *disruptiva*, como se diz na gíria das *start-ups*, é porque ele mesmo era um outsider, um erudito autodidata com uma formação acadêmica curta e incompleta. Também isso é um padrão recorrente: no mundo cristão no início da modernidade, as novas gerações de intelectuais vinham de formações breves, secundárias, de menor prestígio: Lefèvre d'Etaples jamais fez um doutorado, Erasmo obteve um de pouco valor na universidade de Turim e Thomas Hobbes conseguiu o seu com muita fadiga...

Tendo em mente o exemplo de Galileu, nos anos 1960 Thomas Kuhn chamou a atenção para o papel fundamental dos outsiders na busca pelo conhecimento. Em *A estrutura das revoluções científicas* o historiador da ciência analisa como acontecem as «mudanças de paradigma», ou seja, as mudanças radicais e imprevisíveis com as quais se conclui um ciclo e se abre outro. O ciclo se exaure quando a classe, a nação, a dinastia ou a casta de funcionários dominante não consegue mais produzir valor e acaba com todas as reservas acumuladas. Foi assim que o aristotelismo medieval implodiu, sob os ataques impiedosos dos intelectuais «de segunda classe» porém *mais acostumados* aos desafios do tempo. Exemplo mais recente, segundo o físico Lee Smolin, é a física teórica, que perdeu seu toque mágico quando se enveredou naquele modelo altamente complexo e abstrato conhecido como «teoria das cordas», que há várias décadas ocupa milhares de cientistas e grandes financiamentos sem produzir nenhum resultado relevante, isto é, útil ou verificável. Mas, como nos lembram os modernos manuais de gestão, a sociedade tem necessidade não de ideias geniais, mas de soluções simples e aplicáveis.

Ibn Khaldun chamava a atenção para as consequências do desenvolvimento hipertrófico das estruturas administrativas que devoram a riqueza levantada nas campanhas. Uma sociedade não pode renunciar a se expandir, mas corre sempre o risco de se expandir *demais*, ou melhor, de se tornar cada vez mais pesada, mais custosa, mais frágil e menos antifrágil, como diria Nicholas Nassim Taleb, menos produtiva, menos flexível. Sobretudo corre o risco de perder sua *asabiyya*, a capacidade de colocar eficazmente todos seus meios e recursos a serviço de um fim coletivo. A principal ameaça para as grandes organizações é o aumento dos custos de transação, que irão compensar os ganhos de produtividade garantidos pelas economias de escala e ilustram por quais razões a profecia de Lênin a respeito do triunfo do monopolismo jamais se realizou. Segundo o psicólogo das organizações J. Richard Hackman, os grupos humanos demasiado grandes tendem a ser disfuncionais porque com o aumento de escala aumenta de forma exponencial o «custo de gestão das ligações sociais» (*managing the links*) entre os indivíduos no grupo. Mas, sobretudo, as grandes estruturas e grupos operativos tendem a desencorajar a capacidade de aceitar os riscos que todavia são necessários para tentar inverter as tendências degenerativas.

A análise khalduniana sugere que a produtividade das próprias elites, como também a de todos os outros operadores de produção, padece de um rendimento decrescente: à medida que a classe adequada se expande, que se torna pesada, sua contribuição para o bem-estar coletivo é cada vez menos importante, e, como consequência, também diminui sua capacidade de manter o controle sobre os recursos de que se apropria. Coincidência sugestiva, Ibn Khaldun definia a duração do ciclo de vida de um Estado em cerca de 120 anos, ou seja, três gerações de uma duração de quarenta anos cada: uma duração que quase poderia ser equivalente à do Século Americano, a depender de quando situamos seu início e, sobretudo, seu fim. Fantasias numerológicas à parte, a tripartição khalduniana é interessante porque corresponde efetivamente à história do último século, ao menos na forma alegórica com a qual com frequência a representamos: uma primeira fase ligada aos valores da produção e da acumulação (o tempo de nossos avós); uma segunda fase de equilíbrio e coexistência entre os antigos valores e os novos (tempo de nossos pais); e, por fim, uma terceira fase marcada pelo consumo e pela aspiração ao luxo cada vez mais difícil de ser financiado (nosso tempo). É mais ou menos o esquema que encontramos nos *Buddenbrook*, de Thomas Mann, a saga de uma grande família burguesa em três gerações: do fundador impregnado da «ética capitalista» de caráter weberiano aos netos que colocarão fim à dinastia. O próprio Rostow se inspirou no romance de Mann para ilustrar sua teoria dos estágios do desenvolvimento econômico.

A essa classe adequada em ruínas, «classe inadequada» para os amigos, Ibn Khaldun dedica longas reflexões com frequência surpreendentes por sua atualidade: quando nos fala das consequências da liberação sexual nas grandes cidades do Magreb, descobrimos que, evidentemente, até mesmo os árabes do medievo tiveram seu 1968... E, neste ponto, com o último surpreendente anacronismo que gostaríamos de lhe emprestar, o teórico dos cursos e recursos históricos deveria ter nos convencido da validade de sua teoria. Não nos ajudará a prever o dia e a hora do fim — nesses casos, a duração tende a ser longa, fastidiosa, imprevisível e descoordenada —, mas nos fornece alguns indícios para reconhecer seus sinais mesmo quando estamos dentro disso por completo.

3. A COMÉDIA DA DÍVIDA

Sem teatro não se pode viver.
Anton Tchekhov, *A gaivota*

SIGA AQUELE CARRO!

Eu teria talvez uns dez anos quando, um dia, meu pai me indicou o horizonte — os edifícios, os monumentos, as fábricas, os campos, as montanhas — e me disse... não que um dia tudo seria meu, mas, pelo contrário, que nosso país tinha três bilhões em dívidas. A cifra era assustadora, mas meu pai me assegurou: não precisa se preocupar, assim é a economia... Ou melhor, era assim no século XX. Nesse meio-tempo, o mecanismo emperrou, e, hoje, encontramos os credores na porta de casa. A dívida que por muito tempo parecia natural hoje se tornou um problema sério.

Evidentemente o problema não é a dívida em si, que, como nos lembram todos os dias os otimistas, poderia *em teoria* ser refinanciada ao infinito. Endividar-se é, como se sabe, o melhor modo de enriquecer. Desafortunadamente, é também o melhor modo para se arruinar. O problema é que os credores começaram a duvidar de que, mesmo dispondo de tempo infinito, estivéssemos em condições de pagá-los. Em suma, nos encontramos na situação do *Mercador de Veneza*. No drama de Shakespeare, o primeiro motor da potencial tragédia (toda comédia é uma potencial tragédia) era o amor de Bassânio pela bela Pórcia, herdeira de grandes riquezas e maravilhosamente cheia de virtudes. Cortejadores ilustres vêm dos quatro cantos do mundo para conquistá-la e se arruínam para lhe oferecer dons luxuosos, mas apenas um homem poderá esposá-la. A aposta é tentadora, mas pouco provável: só uma mulher para milhares de pretendentes. O que Shakespeare não conta, mas podemos imaginar, é que por causa da doce Musa milhares de príncipes e sultões se reduziram a poeira.

Não há nada de racional, em termos de probabilidade, na decisão de Bassânio de cortejar Pórcia. Mesmo assim, em razão de certos silenciosos olhares amorosos, o jovem está convencido de que se trata de um investimento sem riscos. Ele a seduzirá, se casará e assim reembolsará as dívidas acumuladas contraídas ao longo dos anos. Para participar da custosa competição, todavia, Bassânio deve pedir um grande empréstimo a seu amigo Antônio. Ele aceita de bom grado, como tantas outras vezes no passado, a taxa zero e sem garantias, como faria um pai. Há, no entanto, um pequeno, minúsculo e insignificante imbróglio. É certo que Antônio é riquíssimo, mas todo seu dinheiro está, no momento, investido no mar, imobilizado em forma de navios e mercadorias, e ele não dispõe de dinheiro vivo para emprestar. Será preciso, por isso, dirigir-se a um terceiro, para quem Antônio será o fiador. Essa pessoa é o usurário Shylock, inimigo jurado de Antônio, judeu maléfico como impunham as convenções teatrais da época — e, portanto, perfeito bode expiatório! Todo o drama shakespeariano encena mecanismos por meio dos quais qualquer culpa recai sobre ele.

Shylock coloca uma condição cruel: em caso de falta de pagamento da dívida o usurário terá direito de arrancar uma libra exata de carne do corpo do mercador. Com efeito, Shylock considera «hipotéticos» os meios financeiros de Antônio: um navio que veleja por Trípoli, outro pelas Índias, um terceiro no México e um quarto em rota para a Inglaterra — todos distantes de Veneza, todos ameaçados por piratas, pelas águas, pelos ventos e pelas dificuldades.

A observação de Shylock sobre a riqueza hipotética do mercador é interessante. Será que não é sempre hipotética a riqueza de que acreditamos dispor no futuro? Essa não depende apenas do valor nominal dos ativos, mas das condições liquidáveis das imobilizações, da rentabilidade dos investimentos, da extensão das despesas e da solvência dos próprios devedores. Desse ponto de vista, um empréstimo é sempre um risco, mais ou menos grande, e a taxa de juros remunera esse risco. Não é de espantar, portanto, que seja justamente o usurário a formular uma dúvida radical sobre a riqueza do mercador, com o intuito de justificar o exorbitante preço do empréstimo. Os navios de Antônio perdidos em alto-mar são como o gato do paradoxo de Schrödinger, fechado numa caixa, e sobre o qual não podemos saber se está vivo ou morto: os navios retornarão ou não? E, assim, o mercador, enquanto espera com impaciência seu retorno, possui virtualmente quatro navios, ou não possui efetivamente nenhum?

Antônio assina o contrato sem pensar por nem mesmo um segundo, porque seu «modelo de risco», por assim dizer, não prevê a perda dos quatro navios. Eventualmente um, na pior das hipóteses dois: mas quatro? Um azar como esse nunca se viu. Antônio sai de cena pronunciando as clássicas últimas palavras: «Não há com que se preocupar: meus navios retornarão um mês antes do prazo». Entretanto, os navios atrasam. No segundo ato, corre o boato de que um afundou e a tensão começa a crescer. Quando no terceiro ato se descobre que todos afundaram, eis que a dívida de Antônio se torna um problema sério e a comédia corre o risco de se transformar em tragédia. Como se chegou a esse imbróglio, no qual Antônio corre o risco de acabar tendo uma libra de carne retirada — e, por isso, morrer por falta de sangue?

Uma dívida, ainda que colossal, jamais é um problema em si, desde que se esteja certo de dispor, no momento oportuno, da soma necessária para quitá-la. Isso vale tanto para os mercadores quanto para os Estados. O debate sobre o refinanciamento da dívida e sobre o gasto público, nos Estados Unidos e na Europa, não é uma briga ideológica banal entre os neoliberais, amantes da austeridade, e os keynesianos, defensores do bem-estar: de forma mais profunda, confronta diversos pontos de vista sobre a situação da «economia real» da qual depende a solvência dos devedores. De quantos navios dispomos? Quantos voltarão ao porto com sua carga? Ninguém é capaz de estabelecer isso, mas vários índices levam a suspeitar de que já afundaram há tempos. Esses índices se chamam taxa de crescimento do PIB, balança comercial, rentabilidade do capital ou produtividade do trabalho. Esses índices descrevem uma situação efetivamente trágica, na qual no atual estado qualquer empréstimo ulterior parece destinado a ser engolido por um buraco negro, consumido por juros e custos estruturais e incapaz de produzir a riqueza necessária para repagá-lo.

Com efeito, o refinanciamento da dívida não é, como alguns parecem fazer crer, uma forma de esmola, que se deve ao bom coração de algum patrono, mas uma aposta no crescimento. Dito em outros termos, pede um empréstimo apenas quem está convencido de poder pagá-lo e só é concedido caso se esteja convencido de recuperá-lo. Têm razão aqueles que afirmam que a austeridade leva à ruína, da mesma forma que a fome leva à morte: infelizmente, as atuais políticas de austeridade não se parecem tanto com o produto de uma superstição neoliberal quanto, antes, com o resultado da incapacidade estrutural — e óbvia — de nossas economias capitalistas tardias e pós-industriais de produzir riquezas.

No centro dessa incapacidade está a obstinação com a qual a classe média ocidental defende o valor, já liquefeito, das atividades econômicas para as quais foi formada, com base na previsão de um modelo de crescimento completamente irrealista. Ao se concentrar na circulação, na transformação e na decoração da mais--valia, nossa classe literalmente se *esqueceu* que essa mais-valia, subtraída em outro lugar, permanece na base de toda a economia. E, enquanto aumentava a massa de substitutos simbólicos da riqueza — em forma de moeda virtual, escrituras contábeis e ativos improváveis —, ninguém se dava conta do desaparecimento da riqueza real. Marx falava de «fetichismo» para descrever esse processo de ocultamento do fato econômico, e é tal fetichismo o que hoje leva os filhos da burguesia ocidental a reivindicar como direitos o que são, simplesmente, produtos do trabalho.

Hoje, somos obrigados a reconhecer que tanto os keynesianos, que repetem que a austeridade está destruindo a Europa, quanto os financistas, que apontam que já não é possível continuar a se endividar, têm razão. Seguindo o caminho dos financistas nos entregamos resignados, é verdade, à catástrofe, a não ser que se leve a sério a fábula da austeridade expansiva. Escutando os keynesianos, pelo contrário, poderemos adiá-la. Mas quanto? Sabemos como respondia John Maynard Keynes a quem lhe perguntava sobre a sustentabilidade de longo prazo de sua doutrina econômica: «O longo prazo é um guia falacioso para os problemas correntes. A longo prazo estaremos todos mortos». Levando em conta o fato de que efetivamente Keynes morreu em 1946, vem a suspeita de que estamos vivendo há mais de meio século no longo termo de sua teoria.

Uma teoria que, diante da enésima crise de superprodução nos anos 1920, foi utilizada como corretivo temporário às contradições estruturais do capitalismo. Uma teoria que soube seduzir tanto, à esquerda, os órfãos do marxismo quanto, à direita, os autodenominados liberais, que, arrogância de super-homens à parte, não saberiam imaginar nem mão invisível nem mercado eficiente sem o Estado estimulador de demanda. Uma teoria, todavia, que no fim das contas começa a dar sinais de cansaço. Por décadas forçamos os limites do desenvolvimento, remediando a demanda para que correspondesse à oferta, acumulando desse modo uma dívida impressionante. Com efeito, o gasto público é um elemento central do mecanismo de reprodução do capital, e até certo ponto o mecanismo funciona: a dívida se refinancia por si desde que a economia «gire». O problema é quando o mecanismo emperra, e o gasto público se vê obrigado a *seguir* literalmente a produção para esconjurar a superprodução. Nessa fase histórica do capitalismo, em que estamos vivendo, desenvolve-se uma verdadeira *monocultura do consumo* que acaba por erodir o capital acumulado. Essa corrida é suicida: se a economia capitalista desmorona por causa de um defeito estrutural, as políticas keynesianas — «Siga aquele carro!» — não serão suficientes para corrigi-la.

No atual processo de reprodução do capital, o consumidor é considerado um fator produtivo: não tanto porque «trabalha sem saber» quando joga na internet (como sustentaram Carlo Formenti e Wu Ming) quanto, ou sobretudo, porque a mais-valia se realiza apenas quando a mercadoria é comprada e, assim, é realizado o ciclo dinheiro-mercadoria-dinheiro. Como numa reação alquímica, é preciso colocar a mercadoria em contato com o consumidor para que de seu bolso saia dinheiro vivo. Só desse modo o capital investido se transforma em lucro. Eis, portanto, a verdadeira pedra filosofal, que transforma a vil mercadoria em ouro! E sobre essa pedra fundarei minha Igreja.

Diz-se que a economia é a disciplina que estuda a alocação dos recursos escassos. Hoje, com toda evidência, é preciso inverter a definição — o verdadeiro problema é a abundância, não a escassez — ou incluir o consumidor nesses recursos escassos. O problema fundamental da economia capitalista está em conseguir obter esse recurso, encontrando novos depósitos e técnicas de extração ou, ainda, fabricando isso de forma artificial. O exemplo da Gillette é claro: distribuía gratuitamente seus aparelhos de barbear com lâminas substituíveis porque eram as lâminas o produto do qual extraía seu lucro; enquanto hoje temos impressoras baratas mas que bebem uma tinta caríssima, verdadeiros consumidores artificiais construídos em laboratório. O consumo do excesso era a função reguladora da religião antiga, por meio do dispositivo do sacrifício: ou melhor, a destruição gratuita de um recurso em excesso. A divindade nasce justamente como «consumidor artificial» do excesso, e a Igreja como «consumidor de última instância» como é hoje o Estado keynesiano. A Igreja católica encarnou com diligência sua missão dissipadora, acumulando assim um extraordinário patrimônio artístico, mas, como é óbvio, esse mecanismo é eficaz apenas desde que exista um excesso para desperdiçar. A Reforma protestante não deixou de ser uma marca da superação de um limiar além do qual o desperdício eclesiástico havia deixado de ser sustentável.

No romance *O paraíso das damas*, de Émile Zola, quando o empreendedor Octave Mouret se dirige ao barão Hartmann para financiar a ambiciosa ampliação de seu centro comercial, este o interroga:

> Entendo: o senhor vende barato para vender bastante, e vende bastante para vender barato... E mesmo assim precisa vender, e volto, portanto, à minha pergunta: vende para quem? De que modo sustentará um volume de vendas tão colossal?

Para convencer o barão, bastará a Mouret indicar um grupo de burgueses parisienses: ali estão eles, com sua civilidade e seu gosto pelo desperdício vistoso, a verdadeira matéria-prima de todo o processo. A garantia do lucro será a «exploração da mulher», a consumidora, antes mesmo da exploração dos produtores. Revolução copernicana. Tudo nos *grands magasins* é concebido para induzir a mulher à tentação e para extrair dela a mais-valia. Por sua vez, Hartmann compreende que a ambição de Mouret encontrará, cedo ou tarde, sua coluna de Hércules (para citar Gramsci), ou melhor, o ponto em que a oferta colossal não poderá mais ser absorvida pela demanda: «Então, acabará por engolir todo o dinheiro de Paris, como se bebe um copo d'água?». Um século mais tarde, outro escritor francês encontraria o modo de descrever esse mecanismo em seus romances. Trata-se de Michel Houellebecq, que em seu romance *A possibilidade de uma ilha* propunha o seguinte diagnóstico: «Aumentar os desejos a um nível insustentável e, ao mesmo tempo, tornar sua realização cada vez mais difícil de ser garantida, esse era o único princípio sobre o qual se sustentava a sociedade ocidental».

Na ausência de consumidores é impossível gerar lucro, exatamente como não podemos fabricar linguiças sem carne. Günther Anders descreveu, desde os anos 1950, um novo tipo de «trabalhador doméstico» cuja tarefa era sobretudo consumir. Disso sabem bem os modernos especialistas de *customer relationship management*, por meio dos quais os clientes são estimados, comprados, cultivados e fidelizados. Como qualquer outro fator produtivo, o consumidor tem um custo, mas naturalmente o custo dos fatores produtivos não pode exceder o valor realizado a longo prazo. No capitalismo keynesiano, esse custo é parcialmente assumido pelo Estado, que toma cotas de mais-valia e as subtrai da poupança para subvencionar o consumo (em forma de trabalho improdutivo) e gerar nova mais-valia — enquanto há água no copo. Participam do funcionamento desse mecanismo também as diversas estratégias retóricas empregadas pelo marketing cultural 2.0 para promover o trabalho improdutivo. Como Mouret deixava as senhoras belas com luvas e guarda-chuvas, para que pudessem conquistar um bom partido, hoje a Apple ou a Samsung nos ajudam a exprimir nosso lado criativo para nos encontrar uma boa posição como DJ, realizador de filmes ou escritor. É claro, enquanto tiver água no copo.

O que acontece quando o copo se esvazia, ou melhor, quando o repositório de consumidores se exaure? No esquema dinheiro-mercadoria-dinheiro, as mercadorias não vendidas não têm valor. É apenas um semivalorizado do capital. É claro que sempre será possível dizer, como fazem os marxistas, que a mercadoria incorpora certa quantidade de trabalho e seu valor é justamente a quantidade de trabalho que incorpora. Mas essa especificação não muda a crua realidade, ou melhor, não muda o fato de que, parafraseando Marx, a pretensa riqueza da sociedade capitalista tardia poderia logo se apresentar como uma imensa acumulação de mercadorias invendíveis.

A VIDA ERA MARAVILHOSA

Se vocês pensarem num homem bom, honesto, generoso, talvez lhes venha à mente o protagonista de *A felicidade não se compra*, um filme que saiu há pouco mais de setenta anos, e desde então jamais retirado das listas da época de Natal, conta a história de um homem íntegro (George Bailey, interpretado por James Stewart) e do anjo da guarda que procura convencê-lo de que o mundo seria um lugar muito pior sem ele. Com efeito, Bailey, como presidente de uma cooperativa de poupanças, ao longo dos anos permitiu a milhares de pessoas de pouca renda obter empréstimos para comprar casa ou começar atividades comerciais na alegre cidadezinha de Bedford Falls.

Agora, pensem em homens absolutamente maus, como os que apostaram na crise da economia americana em 2007, fazendo fortuna graças ao colapso do mercado imobiliário. Talvez venham à mente os protagonistas de *A grande aposta*, filme de Adam McKay com Christian Bale, Steve Carrell e Ryan Gosling, premiado em 2016 com o Oscar de melhor roteiro adaptado. Muito distintos do bom George Bailey, que pensava no bem-estar de sua comunidade, os três protagonistas pensam sobretudo em como levantar um monte de dinheiro. No momento da quebra, seus *credit default swap* lucram milhões de dólares e provocam um grande problema para bancos e companhias de seguro. Justamente por causa de sua «grande aposta», Lehman Brothers faliu e AIG (American International Group) teve de ser salvo pelo Departamento do Tesouro dos Estados Unidos da América.

Mesmo assim, quando são vistos na tela esses três não parecem tão maus, pelo contrário: com alguns artifícios hollywoodianos, eles quase se passam pelos bons. Nossos *traders* se limitaram a desfrutar de uma falha no sistema: percebendo no horizonte a chegada da tempestade perfeita, na prática decidiram «se precaver» contra um risco que os bancos e as agências de rating consideravam altamente improvável. Em torno deles, desfila uma rica fauna de incompetentes, de orgulhosos, de tecnocratas que de forma involuntária participaram da criação das condições para que explodisse a maior bolha financeira da história humana. A começar por aqueles que lidavam com créditos imobiliários, que se gabavam de fazer com que pessoas sem renda ou garantia alguma pudessem assinar contratos de hipoteca, ditas *subprimes*, as quais, na sequência, eram securitizadas em forma de títulos chamados ODC (obrigação de dívida colateralizada).

E aí está o interessante do filme, isto é, mostrar como o efeito composto das ações de tantas pessoas pode fazer emergir problemas estruturais e um risco sistemático. O diretor McKay não faz da bolha dos *subprimes* uma questão moral, mas um problema de teoria da informação. Por que ninguém via a crise chegar? Simples: ninguém havia conectado num único quadro as diversas pequenas disfunções. É justamente o que dizia o anjo Clarence a George Bailey no filme de Frank Capra: «Estranho, verdade? A vida de um homem está ligada a tantas outras vidas».

Com efeito, há algo que liga George Bailey, do distante 1946, à crise dos *subprimes* de 2007. Porque Bailey — o bom, o honesto, o generoso Bailey — no fim das contas era justamente o tipo de agente imobiliário irresponsável que, setenta anos mais tarde, será considerado causa desencadeadora da crise. Aquele que cria crédito do nada, apenas com a força do otimismo. Numa famosa cena de *A felicidade não se compra* o velho Henry Potter (ou melhor, o capitalista «mau» da situação: modelo evidente do primeiro Tio Patinhas criado por Carl Barks em 1948) reprova a propensão de Bailey a conceder hipotecas sem coberturas convincentes. Em suma, observando bem, talvez por fim tenha razão Potter. Porque por acumular promessas e dívidas o sistema acaba por depender cada vez mais das perspectivas de desenvolvimento.

Apenas três anos depois, será Joseph L. Mankiewicz a colocar em cena o reverso da história edificante contada por Frank Capra. O filme, muito menos conhecido, chama-se *Sangue do meu sangue* e conta a história de um banqueiro ítalo-americano um tanto mafioso e de seus filhos. Mafioso? E o protagonista, interpretado por um fenomenal Edward G. Robinson, faz exatamente a mesma coisa que George Bailey: empresta na amizade. Aqui, todavia, se dá mal, porque a vida também será maravilhosa mas os empréstimos sem garantia, ao que parece, eram punidos pela lei federal. De fato, as leis flexíveis da economia moral se adaptam mal às rígidas garantias do estado de direito e todo o filme de Mankiewicz conta, de maneira não banal, o conflito entre o antigo e o novo mundo, mostrando-nos os relativos prós e contras. A analogia entre os dois filmes não é em vão; ambos os personagens, o bom de Stewart e o mau de Robinson, são inspirados pelo mesmo homem: Amadeo Giannini, fundador do Bank of America. Sua alcunha? Mafiosíssima, mas também um pouco católico-comunista: o «banqueiro dos pobres». O mesmo homem, a mesma história, duas diversas leituras morais, mas, sobretudo, econômicas. No fundo, um verdadeiro dilema: todos sabemos que não existiria nenhum «novo mundo» sem que alguém ajudasse a financiá-lo com os métodos mafiosinhos do antigo; mas também que o que é permitido nas fases de expansão é proibidíssimo nas fases de declínio.

Somos indulgentes: George Bailey era um homem de seu tempo, ou melhor, do pós-guerra e do *boom* econômico, tempos de oferta e demanda, de lucros crescentes e bem-estar. Era a «sociedade opulenta» descrita por John Kenneth Galbraith, convencido de que a escassez já era um problema do passado. O economista keynesiano escreveu abertamente em *Sociedade afluente*: foi um tempo em que certas normas de prudência contábil eram válidas, mas o tempo mudou e, como consequência, também as normas devem mudar. Na idade de ouro do capitalismo, a palavra de ordem era investir, se necessário mediante crédito. O filme de Capra dava um modelo de comportamento adaptado à fase de expansão. Mas essa fase terminou faz tempo e os modelos que na época garantiam o crescimento agora geram consequências terríveis. E, assim, o que era um filme de Natal se tornou dessa forma um manual para fazer com que a economia colapse. Agora, quem são os bons, quem são os maus? Evidentemente, moral e economia nem sempre andam juntas. E a amarga lição que disso podemos tirar, apesar de toda tentação conspiratória, é esta: não há necessidade de ser mau para provocar uma catástrofe de dimensões planetárias.

Keynes morreu, e também nós não nos sentimos muito bem. A garantia expirou e os nós chegaram ao limite: gasto colossal, endividamento fora de controle, consumismo, poluição, tecnocracia, políticas imperialistas de expansão. A solução? Mais gastos, mais dívidas, mais necessidade criada, mais poluição, mais burocratas e, eventualmente, mais guerras. Além disso, não se vê no horizonte nenhuma outra solução; melhor chamar o serviço de assistência e tentar reparar a máquina emperrada, tentando convencer com um último grande blefe: temos quatro navios que estão para voltar para o porto, aliás, quarenta, quero dizer, quatrocentos! Chamam-se «Arte», «Cultura», «Green Economy», apenas nos dê o suficiente para financiá-los e lhes restituiremos o triplo, vejam bem os belos rendimentos de nove dígitos, vejam bem que belas estatísticas encomendamos! Se pelo menos tivéssemos conseguido convencer alguém... O caso da Itália, com seu famigerado *spread*, é paradigmático. As taxas de juros aplicadas a seus títulos de Estado espelham a desconfiança crescente dos investidores no retorno dos navios ao porto. Se essas são as condições, como se justifica a oportunidade de um empréstimo ulterior? Talvez evocando os «silenciosos olhares amorosos» de Pórcia e sua imensa riqueza, ou melhor, uma improvável aposta ao alcance de quem continua a gastar e, mais cedo ou mais tarde, vencerá essa aposta. Ou acabará arruinado.

A revolução keynesiana é sobretudo uma transformação ideológica no «espírito do capitalismo». Keynes rompia com o capitalismo protestante descrito por Max Weber, caracterizado pela acumulação e pela retenção do Capital, lado oferta, e promovia um novo tipo de economia fundada sobre o gasto, lado demanda. Na fase protestante, o capitalismo era caracterizado pelo culto do trabalho, pela acumulação do capital e pela reticência em relação ao consumo. Essa moralidade era adaptada à produção de riqueza, mas, ao mesmo tempo, inibia a circulação de capital. A ética protestante reassume a contradição fundamental do sistema capitalista evidenciada pelos economistas clássicos e, depois, por Sismondi e Marx: aquela entre uma oferta cada vez mais abundante e uma demanda incapaz de absorvê-la inteiramente.

Os protestantes pareciam surdos à lição de Bernard de Mandeville, que em sua *Fábula das abelhas* havia ilustrado o impacto positivo do vício privado no bem-estar público: «É preciso que existam a fraude, o luxo e a vaidade, se nós quisermos aproveitar os frutos». De outro modo, por excesso de virtude e falta de demanda, a sociedade se transforma numa «colmeia descontente», do título original da *Fábula*. Antepondo a demanda à oferta, o vício à virtude, o consumidor ao produtor, o desperdício à poupança, o calvinista Mandeville foi o primeiro a formular a teoria econômica imoralista de que o sistema capitalista tinha necessidade para sobreviver. Keynes a reformulou individuando o sujeito que teria encarnado toda a fraude, o luxo e a vaidade de que desesperadamente precisava: o Estado.

Além das questões de natureza econômica, compreende-se que a revolução keynesiana é, sobretudo, uma transformação ideológica epocal. Keynes condena a «grande conjura» da poupança, esse «vício público» causado pela virtude privada, considerando que uma «crônica e tendencial propensão à poupança» caracteriza «toda a história humana». Segundo Keynes, a poupança das famílias e das empresas é estruturalmente excessiva e é necessário estimular de forma artificial a demanda, se necessário mediante crédito, com a finalidade de estimular o crescimento.

A assim chamada «revolução neoliberal» dos anos 1970 e 1980, de fato, não deve ser considerada uma ruptura, mas uma *evolução* do capitalismo monopolista de Estado de matriz keynesiana. Com o intuito de corrigir as novas contradições que surgiram no seio do sistema capitalista, os adversários de Keynes pressionaram pela liberação de dois mercados: o financeiro, lubrificando dessa forma a circulação do capital e o crédito ao consumo, e o do trabalho, aumentando a taxa de exploração (a cota dos salários sobre a mais-valia produzida) para compensar a queda da taxa de lucro. A crise financeira é apenas a consequência de uma crise econômica, e os especialistas em finança têm razão em dizer que não podiam prever o cisne negro, o evento imprevisível (aliás, impossível) segundo o modelo: era a base econômica do modelo que era viciada. As derivas da finança dos últimos trinta anos permaneciam fundadas sobre a ilusão — keynesiana — de uma demanda e de um crescimento que seriam mutuamente alimentados pelo nada, ao infinito. Fato que, traduzido da língua keynesiana, como sabemos, significa «enquanto durar».

Keynes não estava sozinho em sua batalha: com efeito, a liquidação dos valores «burgueses» do capitalismo protestante foi o grande canteiro ideológico do século XX. Um dos primeiros a intuir a revolução cultural implícita no projeto de Keynes foi o escritor francês Georges Bataille, que em seu ensaio *A parte maldita* (1949) traduz a *Teoria geral* de Keynes em termos filosóficos, caso se tenha a paciência de lê-lo como um verdadeiro ensaio de economia política e se aceite tomar *ao pé da letra* seu elogio do desperdício. Comunista, nietzschiano e surrealista, Bataille proclamava que a realização do homem não passa pela acumulação, mas pelo consumo das energias e pelo gasto das reservas, seguindo a lei do desejo. A referência a Keynes está presente no fim do prefácio, no qual Bataille sustenta querer inverter o saber econômico dominante concentrando-se em sua «parte maldita», o consumo — «não a necessidade, mas seu contrário, o *luxo*, que põe à matéria viva e ao homem seus problemas fundamentais». Na sequência do livro, que parece anunciar a revolução cultural que se realizaria dez ou quinze anos depois, com o 1968, Bataille intui a ligação profunda entre o luxo e o sagrado, entre o holocausto e o gasto:

O sentido dessa liberdade profunda é dado pela destruição, cuja essência está em consumir sem lucro aquilo que poderia permanecer na sequência das obras úteis. O sacrifício destrói o que consagra.

É na cultura que se manifesta essa dimensão tribal do consumo (Veblen dizia *bárbara*) e, por isso, não é de espantar que muitos intelectuais do século XX, a partir de Bataille, tenham começado a procurar nos textos de antropologia seu modelo para imaginar uma nova sociedade da abundância: a fortuna do *Ensaio sobre a dádiva* (1925), de Marcel Mauss, que na verdade descreve uma espécie de distopia primitiva e chama de «dádivas» aquilo que, pelo contrário, são rigidíssimos vínculos sociais, indica uma tentativa de enobrecer os costumes vistosos da burguesia. Se hoje os membros da classe inadequada passam o tempo dando uns aos outros os frutos de seu engenho, replicando o modelo do *potlatch* ritual em uso nas populações primitivas, é no contexto de uma competição pela inserção profissional e pelo posicionamento social; competição exacerbada pela ameaça de desclassamento que ameaça essa classe. Mas toda essa economia da troca simbólica sustenta-se em outra economia, escondida, que compreende a extração de matérias-primas e sua transformação por parte de uma classe trabalhadora (outros diriam: um *proletariado*) que segundo muitos «não existe mais». Como notava Adorno, a teoria de Veblen talvez desenvolva involuntariamente o conceito marxista de fetichismo da mercadoria, a propensão que todos temos de não ver mais do que o plano simbólico daquilo que consumimos e nos esquecer do material.

A *deregulation* [desregulação] comercial e financeira tinha de encontrar uma base filosófica, um «novo espírito do capitalismo» (como o chamaram Luc Boltanski e Ève Chiapello) que será perfeitamente encarnado pelo pensamento de 1968. Para definir esse movimento, que pretendia criticar o capitalismo mas que, na realidade, o realizava, o sociólogo Michel Clouscard falou de «contrarrevolução liberal-libertária» e Christoph Türcke, mais recentemente, de «sociedade excitada». Em maio de 1968, nos muros de Paris, aparece uma escrita que se tornará o imperativo de uma geração: «Goze sem limites». Colocados diante de uma sociedade moralista e conservadora, os jovens parisienses estão prontos a combater nas ruas e nas universidades para reivindicar a liberdade contra um capitalismo inumano e um consumismo beócio. Um capitalismo, sobretudo, ainda incapaz de satisfazer a demanda exigente e fragmentária dos filhos do *baby boom*. Em seu *Néo-fascisme et idéologie du désir* (1973), Clouscard mostrava bem a relação paradoxal entre as figuras do «pai» e do «filho», entre acumulação e consumo, entre quem maldiz o gasto e quem o exalta — uma verdadeira encenação digna da comédia de arte:

> O filho deseja a morte do pai, mas apenas simbólica, porque dela tem muita necessidade para poder se satisfazer definitivamente. Quer um pai bastante forte para impor a própria vontade às classes produtoras, mas bastante fraco para que se deixe subtrair a própria parte de gozo. O pai deve se envergonhar por ser opressor e o filho recuperar o butim dessa opressão.

Segundo Clouscard, os monstros sagrados do pensamento de 1968 trabalharam para destruir a moral repressiva dos pais em prol de um novo modelo de consumismo. A ideologia revolucionária dos anos 1960 e a contracultura americana nutrida pela reflexão de pensadores nietzscho-freudo-marxistas como Georges

Bataille, Wilhelm Reich, Herbert Marcuse, Jacques Lacan e mais tarde Michel Foucault, Gilles Deleuze e Félix Guattari, que elogiam o desejo como força libertadora. Mas a contracultura mantém uma relação paradoxal e profética com o mercado, como já intuíam alguns pensadores daqueles anos, que ainda assim não evitaram contradições ingênuas. Entre eles, Guy Debord e os situacionistas, críticos radicais da alienação do tempo livre, inspirados pela crítica de Henri Lefebvre à «sociedade terrorista» da «cotidianidade programada». As palavras de ordem e os motes mais felizes do Maio francês, com efeito, são forjados por essa minúscula vanguarda revolucionária de extrema esquerda. Num opúsculo de 1966 distribuído na universidade de Estrasburgo, a Internacional Situacionista anunciava uma vida revolucionária «sob o signo da festa». Aquilo que na época podia parecer o mais subversivo que se podia formular, algumas décadas mais tarde se tornou a regra do imaginário comunista cantado nos anos 1980 pelos Beastie Boys, quando adolescentes e pós-adolescentes lutavam em nome do «right to party». O *party* é a festa revolucionária por excelência, na qual, por uma fantasiosa heterogênese dos fins, o anarquismo individualista participa do bem comum. Mas é também a festa descrita por Bataille quando se dedica a estudar os sacrifícios dos astecas em chave vebleniana:

> As festas não eram apenas um derramamento de sangue, mas também de riqueza, à qual cada um contribuía à medida do próprio poder — era a ocasião para cada um manifestar seu poder.

A pergunta formulada pelos rebeldes de 1968 não permaneceu sem escuta, mas, em vez de receber uma resposta política, foi satisfeita pelo mercado, que se ocupou em apagá-la, às vezes com a ajuda de um marketing que não hesitou em piscar o olho para os valores da geração do *baby boom*. Lubrificada por amplas doses de ironia, a crítica do capitalismo e do industrialismo se tornou a atividade-foco da indústria cultural: o «ópio dos intelectuais», como o chamou Raymond Aron em um dos mais lúcidos ensaios de teoria crítica do século xx. O mercado cultural não só absorveu as instâncias hedonistas e contestatórias de 1968, mas fez delas a pedra de toque de toda a nova estrutura. O artista se torna assim a figura messiânica, tal como o burguês é chamado a se transformar, como notaram Boltanski e Chiapello, ou em tempos mais recentes o crítico de arte Ben Davis, em suas *9.5 Theses on Art and Class*. O êxito por vezes é inquietante, com a transformação de símbolos e mitologias políticas ou de vanguarda numa grotesca paródia, que, todavia, parece divertir muito os veteranos daquelas batalhas. Se a publicidade sempre foi um procedimento para constituir o desejo, hoje trabalha sobretudo para constituir a legitimidade desse desejo, com o intuito de transformar o consumo numa operação politicamente aceitável. Desse modo, ainda consegue nos espantar por seu cinismo. A rede de produtos eletrônicos Darty assim podia anunciar numa campanha publicitária de 2007, retomada em 2010: «Fazer compras de Natal na Darty é um direito seu».

Parece que as graduais remoções do elemento protestante sanaram o capitalismo de sua mais temível contradição — a tendência à superprodução — e asseguraram algumas décadas de crescimento econômico. O consumidor se torna a principal matéria-prima do processo de reprodução do capital. O Estado, compreendido como uma gigantesca máquina para gastar o excedente, torna-se uma engrenagem essencial da nova máquina capitalista. Por fim, quando ficou claro que não havia mais ninguém para absorver o excedente, reemergiu a antiga contradição. Ironia da história, grande parte dos anticapitalistas que hoje falam de «pensamento único» neoliberal não conseguem imaginar nada fora do capitalismo monopolista de Estado de matriz keynesiana. Esquerda e direita, aliás, por meio século dividiram os papéis: o policial bom se ocupava de fazer a pergunta (incitando o Estado a tomar a mais-valia e dirigi-la mais uma vez ao consumo) enquanto o policial mau tornava mais atrativa a oferta (baixando o custo do trabalho).

Assim nos endividamos até o pescoço, porque tudo nos parecia necessário, e, de fato, era: necessário e bonito, mesmo que não pudéssemos pagar — exatamente como Pórcia no *Mercador de Veneza*. Mas, de fato, existe Pórcia? Toda aparição sua é envolvida por uma atmosfera onírica, e não nos surpreenderia se descobríssemos que Bassânio apenas a sonhou... No texto de Shakespeare se compreende que o primeiro motor da sequência trágica certamente não é a avareza de Shylock, simples pretexto dramatúrgico, mas a incontinência de Bassânio e de Antônio, e sua incapacidade de adaptar suas aspirações aos seus recursos. O primeiro acumula dívidas e o segundo o alimenta sem controle. E, com efeito, quando Shylock leva o mercador ao tribunal para obter a libra de carne, o juiz não encontrou argumentos contra o usurário: Antônio assinou o contrato e aceitou o risco.

Similar ao processo que opõe Antônio a Shylock parece ser o debate contemporâneo sobre a questão de quem deve «pagar pela crise». Nós não, seguramente. Os credores querem recuperar seu empréstimo e seus juros. Mas os devedores, jogo de cena, dizem ter sido enganados. A dívida que contraíram poderia ser ilegítima, ou melhor, como se diz em direito internacional, «odiosa». É claro que o empréstimo foi formalmente aceito, mas sob que condições? Com quais margens de liberdade? Escondendo quais informações fundamentais? Alguns movimentos propõem hoje a recusa da dívida, integralmente ou em parte, denunciando um golpe contra o povo. Segundo essa perspectiva, a dívida teria tomado o lugar do salário como forma principal de subjugação dos indivíduos ao capital, e também como instrumento de governança geopolítica mundial — a dívida como novo contrato social que funda uma sociedade iníqua e obscena. A verdade, todavia, é que essa grande ilusão coletiva foi alimentada por várias partes, e parece verdadeiramente muito fácil pretender jamais ter desejado aquele crédito sobre o qual as economias ocidentais vivem há dezenas de anos. Romper o vínculo da dívida se torna provavelmente necessário no momento em que se toma consciência de que a dívida jamais poderá ser extinta; mas essa solução drástica tem sentido apenas se o devedor dispõe de uma sólida estratégia para se tornar autônomo em relação ao crédito e revitalizar sua economia.

Ainda assim, seria errado, fora das ficções shakespearianas, atribuir à incontinência dos homens a responsabilidade de uma crise estrutural. Se Antônio e Bassânio se endividam, é porque não podem senão fazer isso, e se o corretivo keynesiano teve tanto sucesso é porque se tratava do único modo de adiar o colapso, já previsto na agenda, do capitalismo ocidental. Em Shakespeare, uma sofisticada argúcia jurídica salvará o incauto devedor de seu trágico destino, permitindo à tragédia acabar como comédia, mas essa salvação artificial (que se deve à intervenção de Pórcia e é inverossímil, assim como ela) não engana o espectador, que pôde assistir a uma ilustração edificante dos riscos de viver de crédito. E na realidade? Hoje nos resta escolher a data para o encontro com a catástrofe. Mas vejamos o lado positivo: a longo prazo estamos todos mortos.

REENCONTRAR O CRÉDITO

Hoje, o debate feroz entre os rigoristas e os partidários do gasto, assim como o clouscardiano entre pais e filhos, parece saído das páginas de Molière ou de Goldoni. Em relação ao romance burguês, com sua abordagem realista da complexidade do mundo, a tradição teatral tende a propor modelos mais abstratos das relações econômicas. Em *George Dandin*, de Molière, a farsa de um camponês enriquecido que é corneado por sua nobre esposa serve para denunciar o parasitismo da aristocracia: e antecipa em alguns anos as teorias dos fisiocratas sobre a produtividade exclusiva do trabalho agrícola. Mais atual, *O avarento* coloca em cena um conflito intergeracional não diferente daquele que ainda hoje vive toda família burguesa. Um conflito latente que diz respeito à transmissão do patrimônio e, de modo mais geral, à alocação de recursos entre poupança e investimento.

À primeira vista, a comédia de Molière narra a rivalidade entre pai e filho por uma mulher; mas essa rivalidade caricatural remete a outra: ou seja, à recusa do pai, Harpagão, de transmitir, em vida, uma parte de seu capital ao filho, Cleanto. Uma recusa que corre o risco de comprometer o acesso do filho a uma sociedade — a do século XVII, não diferente da nossa — que apresenta barreiras cada vez maiores ao ingresso.

Em *O avarento*, a rivalidade econômica se sobrepõe inteiramente à rivalidade sexual, que serve de motor à trama. *Sexo* está para *economia*, *desejo* está para *juros* e *mulher* (desculpem-me se não é muito politicamente correto) está para *capital*. Na cena do teatro clássico, o personagem feminino é um bem econômico a ser transferido, conquistado, preservado, ou, de modo mais geral, um substituto simbólico da riqueza. Uma sinédoque: a parte pelo todo. *Cherchez la femme* [procure a mulher] e encontrará o capital.

Por sua vez, também o pai e o filho equivalem a outra coisa: o pai a quem poupa e o filho a quem consome. A comédia de Molière descreve um estado de *desequilíbrio econômico* e pode se resolver apenas restabelecendo a correta relação entre poupança e investimento: o pai deve aceitar ceder uma cota do patrimônio acumulado ao filho, mas o filho deve limitar seus consumos à medida necessária à reprodução social. Quanto mais cresce a cota de capital de que o filho necessita para enfrentar a concorrência no mercado de trabalho, mais se acentua o conflito geracional. E, todavia, o papel do pai é fundamental: ele *custodia* o patrimônio, impedindo que seja consumido demasiado rápido e sem critério — como às vezes são as tentativas dos governos social-democratas.

A rivalidade entre pai e filho colocada em cena no *Avarento* encontrou um nome no início do século xx: Freud falava de «complexo de Édipo». O filho deseja aquilo que pertence ao pai e projeta esse desejo sobre a mãe como objeto de gozo. E, uma vez que o pai representa um obstáculo a esse gozo, o filho burguês se beneficia objetivamente da morte do pai mesmo quando não a deseja subjetivamente. Mas, para todo complexo de Édipo, mostra Molière, há um espetacular complexo de Harpagão, que consiste na excessiva retenção do capital por parte do pai. As consequências da austeridade pesam sobre toda a sociedade, paralisada porque a superacumulação impede a riqueza de circular e a trama de se desenrolar. Encontramos, em forma dramática, o famoso «paradoxo da poupança» enunciado por John Maynard Keynes nos anos 1930. Verdadeiro Édipo da ciência econômica, Keynes convidava à simbólica «eutanásia do rentista», isto é, Harpagão, com o objetivo de redirecionar todos os recursos para o consumo.

No quinto ato da comédia, a oposição de Harpagão é apagada por meio da intervenção de um financiador externo que neutraliza o poder econômico do pai sobre o filho. *O avarento* de Molière, comédia edípica por excelência, conclui-se efetivamente com um parricídio: é uma morte simbólica — o apagamento do pai pelo grupo de agentes dramáticos — que torna possível o desenrolar tão esperado.

Um século mais tarde, Carlo Goldoni deslocará a atenção do pai para o filho. Economista muito lúcido, em suas comédias Goldoni não descreve banalmente o choque entre pais avarentos e filhos pródigos, mas as contradições de uma economia doente, na qual o excesso de gasto é contemporaneamente uma necessidade vital e um risco mortal.

Quando falamos de Goldoni parece que estamos lidando com um Molière menor e tardio; com um jocoso pintor dos vícios da sociedade de seu tempo; e até mesmo com um vendedor de gôndolas, que nos acompanha nas pitorescas atmosferas do século XVIII veneziano. Tudo isso será o bastante para nos manter distantes de sua obra, como alguns já estão distantes da cidade de Veneza. E, no entanto, seria um erro, porque Carlo Goldoni foi muito mais que isso. Mais do que um vendedor de gôndolas, que fique claro; mais do que um moralista ou um imoralista; e mais do que Molière, se quisermos. Com Goldoni já estamos junto com Honoré de Balzac, isto é, no nascimento de uma arte compreendida como ciência, como paradigma cognoscitivo, e, em particular, como modelo das relações econômicas. Mas Balzac nasce cinco anos depois da morte de Goldoni, por que incomodá-lo? Vamos com cautela, e incomodemos na sequência. Carlo Goldoni, que nasceu em 1707 e morreu em 1793, foi contemporâneo de Adam Smith, que nasceu em 1723 e morreu em 1790. A preocupação científica de Goldoni, se acreditamos em suas declarações programáticas, parece não ser nada além daquela de representar com a maior precisão possível os vários tipos humanos, ou melhor, as características universais nas quais cada um possa se reconhecer. Não há nada de original nisso: chama-se comédia de costume (*comédie de moeurs*) e é o gênero em que Molière se destacou. Tampouco é demasiado diferente da Comédia de Arte, com seus senhores rudes e seus servos cansados. Se se tratasse apenas disso, o mérito de Goldoni, ao propor sua comédia de caráter, estaria apenas em ter refinado a técnica, atualizando-a para a sociedade burguesa. Entretanto, o autor veneziano não se limita a exibir esses caracteres em «cenas entrelaçadas sem ordem nem regra», nem — como Molière — tece as tramas apenas com o objetivo de fazer emergirem os personagens paradigmáticos: o avarento, o burguês fidalgo, o tartufo, o doente imaginário, o misantropo, as preciosas etc. Em vez disso, e sobretudo nas comédias de ambientação, o gênio de Goldoni está em ter colocado em cena, mais do que tipos humanos, tipos de situações que dramatizam os mecanismos econômicos do capitalismo nascente. Com efeito, as ações e os movimentos de que é feito o teatro goldoniano com frequência são de natureza contratual, monetária, financeira, creditícia, especulativa. Nesse sentido, Carlo Goldoni é mais do que uma simples testemunha, que descreve de modo confuso sintomas e epifenômenos: em cena, ele consegue ordená-los, examiná-los, relacioná-los, sistematizá-los.

A «Trilogia do feriado» é, nesse sentido, representativa. O feriado é definido por Goldoni «uma paixão, uma mania, uma desordem», e também um «fanatismo», uma verdadeira patologia que produz dívida, mas é em cena «fecundo em aspectos ridículos e extravagâncias». Desse modo, qual é a ligação entre o feriado e a riqueza das nações? Talvez seja possível compreender isso relendo *Os desejos de feriado*, primeiro capítulo da célebre trilogia, quando Vitória, que quer que seu irmão, afogado em dívidas, lhe compre um vestido, diz que renunciar a um gasto supérfluo «pode fazer perder o crédito». O que parece apenas um capricho de uma moça viciada, da qual advém um efeito cômico, é, na realidade, o coração de um sistema econômico no qual o desperdício honorífico, como diria Thorstein Veblen, permite atrair novo capital e a dívida alimenta o crédito. Em suma, a resposta de Vitória não é nada ingênua. O risco extremo ao qual se dirige é o de *perder o crédito*. Atrás do ridículo, atrás da vaidade, atrás da crítica, atrás da loucura, Goldoni faz transpirar a trágica razoabilidade do comportamento de Vitória, obrigada a seguir freneticamente a moda e a combater a obsolescência programada das mercadorias. Porque sua loucura é de todo razoável no contexto da sociedade em que vive.

Com efeito, os personagens de Goldoni não são loucos ou trivialmente vaidosos, mas é o próprio universo em que vivem que é disfuncional nesse aspecto. Um universo em que a dívida alimenta o crédito, financeiro e social. Crédito que resulta efetivamente gastável, para produzir outra dívida ou para vincular ou obter nossos recursos — isso que é a preocupação principal de Vitória. Nos ruidosos anos do século XX, pouco antes da crise de 1929, era Francis Scott Fitzgerald que encarnava esse paradoxo com irônica melancolia e que, em seu artigo de 1924 para o *Saturday Evening Post* («How to Live on $36,000 a Year») entregou a fórmula perfeita: «Somos demasiado pobres para economizar. A economia é um luxo. Poderíamos ter economizado o verão passado — mas, agora, nossa única salvação está na excentricidade». Vebleniano até a medula.

Hoje, diríamos que é justamente a especulação que, «lubrificando a economia», permitiu gerar o relativo bem-estar de que o Ocidente gozou nos últimos anos. «Economy is a luxury» [economia é um luxo], para citar Fitzgerald. De forma paradoxal, essa sociedade é contemporaneamente próspera e à beira da falência, e é essa ameaça contínua que cria uma dinâmica cômica. É o que diz com todas as letras o empresário de Smirne na comédia homônima: «Quem não tem dívidas não tem crédito». E Don Marzio ao final de *Bodega do café*, quando decide deixar a cidade: «Já perdi o crédito e não o reaverei mais». Em geral, os termos «crédito» e «dívida» voltam incessantemente na obra goldoniana, como princípios fundadores do agir social. Não se trata aqui de temas novos — já *La farsa de Maître Pathelin*, dos anos 1460, colocava em cena um estratagema para obter crédito —, mas nova é essa sociedade burguesa que, ao se endividar, produz a própria riqueza. Não é por acaso que no feriado fora ou na cidade de Veneza, ademais, passa-se o tempo jogando. Em *Desejos* se leva ao excesso esse mecanismo paradoxal, no qual luxo e endividamento crescem lado a lado, fazendo «girar a economia», mas, também, acelerando a corrida para a falência. E, entretanto, a falência sempre anunciada — e aí está o verdadeiro mistério do teatro goldoniano — não chega.

Como me fez notar Federico D'Onofrio, o gasto público é uma das grandes obsessões do século XVIII. Por que a Inglaterra vence a Guerra dos Sete Anos (1756-1763)? Porque, ao contrário da França, a Inglaterra comanda o crédito. Mas é possível fazer dívidas sem nunca as pagar e sem falir? Sim, é possível: essa é a grande descoberta da economia política do século XVIII. Aliás, o homem político, escreve James Steuart, deve cavalgar a dívida pública sem jamais parar e utilizá-la para se manter no poder. E se quebrar? Recomeçará a fazer dívida ou confiscará todas as riquezas privadas. Em suma, segundo essa interpretação, não há motivo para temer o gasto, e é isso que repetirá incessantemente Keynes. Vários exemplos históricos, todavia, ensinam que a queda nem sempre é indolor.

A diferença entre uma comédia e uma tragédia, como é notório, é que a primeira acaba bem e a segunda mal. E as de Goldoni são, até provas em contrário, comédias. O capitalismo (que Goldoni descreve como o sistema fundado sobre a crise permanente) seria assim uma fábula com final feliz? Nada menos seguro do que isso. No fundo, as comédias são apenas tragédias às quais é acrescentado um artificioso final feliz, e a diversão é proporcional à artificialidade da trama. Para permanecer em Veneza, basta citar *O mercador de Veneza*: se não fosse pela argúcia jurídica de Pórcia, no quarto ato Antônio teria tido uma libra de carne arrancada. Muito menos brilhante é o desdobramento de *Bodega de café*, e sua inconsistência é reveladora. Aí, o conflito insanável é entre o vício em jogo de Eugênio e seus deveres de marido. Essa contradição, articulada em toda a obra, parece não poder resolver-se senão de forma trágica, com a falência do inveterado jogador. Este, porém, de uma só vez — ou melhor, depois de uma providencial infusão de liquidez e de uma intervenção da polícia —, parece recobrar a consciência e promete abandonar seu vício. «Desta vez será diferente», proclama, da mesma forma como dizem há séculos os economistas a cada crise. Ainda que a promessa de abandonar o vício já tenha sido várias vezes desconsiderada ao longo do drama, Goldoni a mascara com o intuito de garantir um final feliz. Mas a contradição não foi desarmada. A falência apenas é postergada. Por trás da comédia, como bem viu Fassbinder e como bem encenou a Companhia do Elfo, se esconde uma tragédia inquietante.

Goldoni reivindica uma intenção moralizadora ou reformadora, falando do «ridículo que procurei colocar à vista, para corrigi-lo, se possível». Mas essa intenção se choca com outro tipo de consciência, que os personagens goldonianos não cessam de reforçar: os vícios e as falências são consubstanciais à sociedade capitalista. Extirpáveis apenas numa ficção temporária, que permite construir comédias a partir de uma matéria trágica. Nesse sentido, o teatro de Goldoni inverte totalmente, como numa câmara escura, aquilo que mostra.

Seria assim o final feliz apenas um expediente dramático para tornar representável a tragédia do capitalismo sob a forma de comédia? Goldoni mostra que algumas virtudes, como a prudência, podem ter uma função reguladora, mas é claro que sua finalidade é apenas a de conter, limitar ou retardar as crises do sistema de crédito, que funciona justamente porque é desregulado. Entretanto, Goldoni não critica o sistema, mas se limita a descrever seu mecanismo. E nada afasta o fato de que a trama trágica, que eternamente paira como uma ameaça, não pode no fundo ser eternamente evitada, ou diluída e atenuada. Nessa bizarra dialética metadramatúrgica entre comédia e tragédia, articula-se o modelo goldoniano da economia capitalista. No fim das contas, o sistema funciona, e todos tiram vantagem dele — até mesmo (ou sobretudo?) aqueles que o criticam. Mais uma vez, é em *Bodega do café* que o mecanismo é colocado em cena do modo mais claro. Toda a comédia é estruturada em torno da oposição entre trabalho honesto (o de Ridolfo, barista) e trabalho desonesto (o de Pandolfo, jogador de bisca). O trabalho honesto produz riqueza e bem-estar, enquanto o desonesto destrói a riqueza e os laços sociais. Na realidade, todo o plano da comédia goldoniana desvela o engano ideológico dessa bipartição, que existe apenas no discurso de Ridolfo. O honesto barista faz parte do produtor de ideologia, que com seus longos sermões investe o público e tenta distorcer a realidade das relações econômicas e produtivas. Observemos a cena:

> A cena estável representa uma pracinha em Veneza, ou melhor, um caminho um tanto largo, com três bodegas: a do meio, de café, a da direita, cabelereiro e barbeiro, a da esquerda, destinada ao jogo, ou seja, à bisca.

«Ei! Não me venha com moralismos!», diz Pandolfo a Ridolfo. Basta ver como circula a riqueza nessa cena: da casa de jogos à cafeteria. Trata-se de um único, lubrificadíssimo, mecanismo. Com efeito, a atividade do honesto barista moralista vive substancialmente dos clientes da sala de jogos: «Você sabe que também meus clientes servem para sua bodega». O dinheiro com o qual salvará Eugênio da falência, no fim das contas, é também ele gerado pela economia improdutiva do jogo. Apenas Ridolfo sabe o que há de honesto na venda de café — excitante natural produzido pelo roubo colonial. Também ele, como todos os personagens de Goldoni, pertence ao terciário improdutivo que povoa o centro do império comercial veneziano. Mas sua conversa funciona, convence o público e, em suma, os faz ganhar crédito. Ridolfo obtém crédito no duplo papel (apenas em aparência contraditório) de parasita e crítico do sistema do jogo de azar. Ridolfo, no fundo, não é nada mais do que Carlo Goldoni, ou melhor, o intelectual empenhado e orgânico da sociedade imperialista. Satirizando o próprio papel de moralista, Goldoni anuncia a contradição da indústria cultural contemporânea. A crítica de Ridolfo/Goldoni é superficial, moralista, irrealista, tanto que nada faz, de fato, para obstacularizar a atividade do jogo e, pelo contrário, é um personagem negativo como Don Marzio, o de má-língua, que denuncia à polícia os tráficos sujos de Pandolfo. Isso permite ao drama acabar em comédia, mas não temos dúvida quanto ao fato de que o jogo recomeçará logo sua atividade, como centro obscuro da economia veneziana, vanguarda histórica de nossa sociedade improdutiva.

DISFORIA DE CLASSE

Há, todavia, uma obra de Goldoni na qual o mecanismo de fato emperra, mesmo que o final feliz «postiço» também esteja garantido: trata-se da comédia *A falência, ou o mercador falido*, história edificante da falência comandada por Pantalone. Quem salva a situação é o filho do mercador, Leandro, que diante da catástrofe de repente se descobre virtuoso.

Antes dessa transformação, Leandro pode exprimir seu desconforto e sua indignação pelo destino que parece aguardá-lo. Diz: «Ir servir não serve para mim», isto é: «Trabalhar não é para mim. Não sou capaz, sofrerei muito, e, depois, para dizer a verdade, nem mesmo seria justo. O senhor me criou e o senhor me mantém». Leandro exclui, por princípio, a hipótese de trabalhar, e o servo Truffaldino comenta: «Não gosto nada de me cansar», isto é: «Caro patrãozinho, sabe que ninguém gosta de trabalhar, e mesmo eu, que sou obrigado, certamente não sou feliz, e além disso há meses que não me paga. Nem por isso saio pela rua para quebrar os carros, certo?». (Um belo moralista esse Truffaldino.) «Ir servir» é o destino que ameaça uma parte da burguesia ocidental. Podemos ironizar por horas essa geração que se indigna quando os formados devem ser entregadores ou dirigir táxis. Podemos também nos envergonhar do racismo dos jovens — mesmo progressistas, anticapitalistas, anarcoinsurrecionistas — que rapidamente deixariam os trabalhos mais baixos aos coetâneos egípcios ou albaneses. Em suma, podemos aceitar com *fair play* nosso destino mais ou menos sinistro: mas não podemos fingir que tudo isso não é efetivamente traumático. A retórica do «arregaçar as mangas» é fácil, mas arregaçá-las de fato é doloroso. A verdade é que as coisas estão desafortunadamente muito piores do que o previsto, e nós somos muito nobres para as tarefas que nos esperam; sensíveis à dor, de saúde frágil e fundamentalmente maus. Em suma, poderíamos dizer que à classe inadequada se oferece a possibilidade de tomar decisões *racionais*, mas essas decisões racionais entram em conflito com uma série de valores, de expectativas, de hábitos, de códigos que definem a identidade de seus membros. O preço de uma decisão racional, a essa altura, torna-se o mais alto dos sacrifícios: ou melhor, o sacrifício de si mesmo ou ao menos da própria autorrepresentação. Existem características culturais impossíveis de erradicar de maneira indolor da alma humana: estas constituem uma verdadeira «segunda natureza» que guia as decisões também em aberta contradição com a experiência.

No *Ensaio sobre a população*, em sua lista de «freios preventivos» ao crescimento da população, Malthus mencionava as seguintes perguntas que um homem pode colocar-se antes de formar uma família:

> Não corre o risco de perder o próprio status e ser obrigado a renunciar aos hábitos que lhe são caros? Que ocupação ou trabalho estará a seu alcance? Não deverá se submeter a um trabalho mais gravoso do que este que é adequado à sua atual condição? E se fosse impossível garantir a seus filhos as vantagens da instrução de que ele pôde gozar?

São considerações familiares para nossa classe média: uma classe rica, mas não rica *o bastante*. Como ainda notava Malthus: «Descer um ou dois degraus, àquele ponto em que a distinção termina e a crueza começa, é um mal bem real aos olhos daqueles que o provam ou que por isso apenas estão ameaçados». Nem sempre, todavia, se tem escolha. E assim acontece para alguém que simplesmente passa de um relativo bem-estar à miséria, e se vê obrigado a aceitar desempenhar um trabalho mais «humilde» do que aquele para o qual foi preparado, ou que vai direto para a fila do desemprego.

Michel Clouscard havia descrito o mecanismo desse imbróglio em que a classe média ocidental se meteu em seu livro *Crítica do liberalismo libertário*, de 1986: «A classe burguesa oferece mais filhos do que são os trabalhos burgueses requeridos pelo capitalismo. Esse excesso fará as revoluções. Mas revoluções burguesas». Essas revoluções são, segundo Clouscard, as dos seguidores de Sartre, Lévi-Strauss, Foucault, Barthes, Lacan, Deleuze e Guattari, pensadores que se dedicaram a destruir a moral repressiva dos pais, isto é, o capitalismo weberiano, em prol de um modelo de consumismo. Ao desviar a economia da pura acumulação, esses pensadores «levantaram a maldição» que pesava, segundo Georges Bataille, sobre a transgressão e o desperdício. A condição do filho burguês é paradoxal: se, por um lado, seu papel é consumir excessivamente, e, portanto, também consumir certo capital herdado, por outro, é ele mesmo um excedente; não há para ele nenhum trabalho burguês a ser desenvolvido, e, por isso, nenhum modo de acumular novo capital. Segundo Clouscard, o burguês não está à altura de derrogar a própria condição: «Porquanto profundamente excluído da posse do capital, dos trabalhos das funções próprias de sua classe, o burguês não pode mudar-se para a classe operária e desenvolver profissões de operário». E é justamente essa sua incapacidade de derrogar que o condena. Era o argumento de Leandro: «Ir servir não serve para mim». E assim o herdeiro de Pantalone, mesmo que não derrogue, corre o risco de extinguir o próprio patrimônio. Apenas na comédia é possível escapar do risco. Na realidade, a maldição se realiza.

O *Manual diagnóstico e estatístico de transtornos mentais* define, em sua última edição (DSM-5), o conceito de «disforia de gênero» como a sensação que alguns indivíduos têm de não pertencer ao gênero sexual que lhes é socialmente atribuído com base na anatomia. Mas há outro curioso distúrbio de identidade, do qual não falam os manuais, que aflige o estrato médio dos países desenvolvidos: podemos falar de uma «disforia de classe». Isto é, uma defasagem entre a própria condição social — cultura, hábitos e aspirações — e as fontes econômicas necessárias para financiá-la. Se existem homens prisioneiros em corpos de mulher e mulheres prisioneiras em corpos de homem, os chamados *transgêneros*, existem também burgueses prisioneiros em corpos proletários e proletários prisioneiros em corpos burgueses, verdadeiros *transclasses*.

Num livro de 2014 (*Les transclasses ou la non-reproduction*), a filósofa Chantal Jaquet analisava a trajetória desses indivíduos, considerando-a uma mera exceção às rígidas regras do determinismo social. E se, em vez disso, sua condição fosse a regra nestes tempos de crise? Os transclasses são o signo de uma sociedade de grande mobilidade, mas hoje se trata quando muito de uma mobilidade descendente. O problema não são os *nouveaux riches* que não sabem as posições de garfos e facas num restaurante (não vamos ficar formais), mas os *nouveaux pauvres* [novos pobres] reduzidos à miséria porque a única coisa que aprenderam a fazer é glosar Heidegger. O sistema educacional, como escrevia Ivan Illich nos anos 1970, ensina a «pensar como ricos e viver como pobres», entregando assim os indivíduos à dolorosa disforia entre uma identidade burguesa e uma realidade muito distinta. A classe inadequada se reconhece no gênero da burguesia, mas materialmente se aproxima cada vez mais da pobreza. «Talvez eu seja apenas um camponês, mas, na realidade, sou um cavalheiro», afirma o vagabundo protagonista de um brevíssimo conto de Anton Tchekhov intitulado «Sonhos». Mas o que é a «realidade» de um status? Algo similar à «substância» do corpo de Cristo na doutrina da transubstanciação. Existe de verdade? Seria preciso um novo Concílio de Trento para estabelecer.

Parece que os ciganos são os descendentes de uma antiga casta de artistas que trabalharam para os soberanos da Índia. Mesmo que tenham passado séculos de sua época gloriosa, muitos deles continuam a imputar-se tal, refutando a assimilação para permanecerem fiéis à sua aristocracia do espírito. Mais do que aceitar as consequências do desclassamento e dobrar-se à razão econômica dos povos que os hospedam, eles preferem permanecer em suas barracas e viver como senhores decadentes. E essa é talvez uma imagem de nosso destino.

Os chamados Millennials, nascidos entre 1978 e 1999, estudaram, esperaram, investiram e continuam a investir para garantir para si uma inserção profissional à altura de suas aspirações; ainda assim, não haverá espaço para todos. Na ausência de um novo milagre econômico, grande parte dessa geração está simplesmente condenada ao desclassamento. Com efeito, à crise se acrescentam os efeitos perversos das tentativas de salvar-se da crise — em suma, os efeitos da disforia de classe. Os patrimônios acumulados no pós-guerra irão financiar a luta de todos contra todos para permanecer no estrato médio, luta fratricida que, por sua vez, rebaixa os salários como num leilão de baixa para vender na melhor oferta. «Pagar para trabalhar» (ou para *esperar* trabalhar) se tornou a regra numa sociedade em que é mais fácil ter acesso ao crédito do que ter acesso a uma posição. Incapaz de coordenar as escolhas individuais e empenhados numa corrida ao armamento formativo digna da Guerra Fria, estamos todos a caminho de uma «Mútua Destruição Assegurada», ou melhor, um «Mútuo Desclassamento Assegurado».

Quem imaginaria: o problema de nossa classe média é que é *demasiado rica*, e isso a condena à pobreza. No centro dessa economia disfuncional do status, o patrimônio se tornou uma arma contra a renda. É o paradoxo de uma classe que se ilude duplamente em relação a sua própria condição: inconsciente do próprio privilégio relativo, reclama de miséria pela magra renda sem levar em conta o patrimônio que a sustenta; incapaz de derrogar seus valores burgueses, acaba por exaurir toda reserva patrimonial sem conseguir adaptar as próprias expectativas da renda efetiva.

Eis o destino de um estrato médio que acreditou poder se tornar classe adequada e se reconhece hoje como uma classe *inadequada*. Os patrimônios estão erodindo assim como as rendas caem. Alguém acusa o burguês desclassado de ser incapaz de acertar as contas com o real, mas ele sabe que custodia no próprio coração uma realidade *mais verdadeira* do que a econômica — exatamente como um trans em luta contra o dado biológico cru. Nada nem ninguém nos curará da disforia: nos espelhos continuamos a nos ver diferentes de como os outros nos veem.

Em 1930, Siegfried Kracauer iniciava sua pesquisa *Os empregados* — «análise profética da sociedade contemporânea», segundo o subtítulo da edição Einaudi de 1980 — relatando os acontecimentos na vida de uma mulher aposentada por uma grande empresa porque, segundo seu supervisor, «a empregada não queria ser tratada como empregada, mas como senhora». A disforia de classe é um *topos* tragicômico muito difundido no teatro, no cinema e na literatura, por meio de figuras patéticas do falido ou do nobre decadente. Como Goldoni, também Tchekhov não cansa de colocar em cena esse *topos*, encarnado em tempos mais recentes pelo personagem do conde Raffaello Mascetti na série de filmes *Meus caros amigos*, dirigida por Mario Monicelli. Último herdeiro de uma nobre família toscana, presente nas crônicas florentinas desde 1191, Mascetti conserva os hábitos adquiridos durante sua juventude dourada («Até os vinte e um anos eram os camareiros que me trocavam»; «o conde Lello Mascetti fez uma viagem de núpcias de três anos e meio com a esposa e um urso de dois metros na coleira») mesmo não podendo se permitir: gasta e esbanja, dá fartas gorjetas e chama de «castelo» o decrépito apartamento onde é obrigado a viver. Essa última loucura mostra a dimensão quixotesca da disforia de classe, a inversão entre sonho e realidade que nela opera: e, além disso, o ilustre personagem de Cervantes pode ser o paradigma da condição do cavalheiro decadente, obrigado a imitar sua condição com poucos meios e, ainda assim, capaz de convencer sobre seu status o ingênuo escudeiro Sancho Pança e alguns camponeses — como um formado em curso superior que ainda suscita o respeito, no máximo, de um manobrista abusado.

Mais uma vez se mostra a indissolúvel ligação entre a condição da classe inadequada e a patologia social conhecida como bovarismo. Mas é preciso agora que nos interroguemos sobre os instrumentos que servem à difusão tão invasiva dessa ideologia de massa e nos levam a representar um mundo sonhado tão diverso da realidade material que nos espera. Portanto, temos de acertar as contas com a indústria cultural, estando bem atentos para nos desviarmos da imagem da indústria cultural que a própria indústria cultural nos propõe. Uma grandiosa transformação aconteceu no século XX e se acelerou depois dos anos 1960, e, hoje, culmina no tempo do assim chamado «user generated content» [conteúdo gerado pelo usuário]. Em sua época, Kracauer sustentava «que quase todos os produtos da indústria cinematográfica justificam o existente, uma vez que tiram a atenção seja de suas aberrações, seja de suas bases». Em suma,

> [...] contribuem para atordoar a massa, com o artificial esplendor dos ápices da sociedade. De forma análoga, os hipnotizadores fazem com que seus pacientes durmam com a ajuda de objetos cintilantes. O mesmo discurso vale para os jornais ilustrados e para a maior parte das revistas. Provavelmente,

uma análise mais precisa mostraria que aí aparecem sempre os mesmos tipos de imagens, que são como fórmulas mágicas que procuram precipitar para sempre no abismo de um esquecimento sem imagens certos conteúdos — aqueles conteúdos que não são incluídos no edifício de nossa existência social, mas incluem por sua vez essa existência. A fuga das imagens é a fuga da revolução e da morte.

Essa descrição de um «bovarismo de massa» não deve nos enganar: a distinção subentendida entre alta cultura e baixa cultura já foi, em certo sentido, superada. Há um bovarismo do intelectual, e se nutre de textos como esse de Kracauer. O efeito é similar ao dos romances água com açúcar que lia Emma Bovary: nos faz sonhar outra vida, nos faz acreditar que somos distintos das massas cegas pelos produtos da indústria cultural e, por isso, prometidos a um destino totalmente diverso. Mas é a indústria cultural, hoje, a nos fazer ler Kracauer — ou alguém por ele, já que nela tudo é intercambiável.

4. USER GENERATED CULTURE

> *There's unlimited supply*
> *And there is no reason why*
> *I tell you it was all a frame*
> *They only did it' cos of fame.*[8]
>
> Sex Pistols, «EMI»

A INDÚSTRIA CULTURAL E SEUS INIMIGOS

Tudo começa com os alfinetes. Quanto uma pessoa demora para fazer um pequeno e insignificante alfinete? Muito tempo, essa é a resposta. Mas se são mais de uma as pessoas que trabalham juntas, e se dividem as tarefas, produzirão esse alfinete em muito menos tempo, ou seja, produzirão mais: 240 vezes mais, 4.800, talvez. Sendo uma mínima parte de um grande projeto, cem operários fabricam uma quantidade de alfinetes muito mais importante do que fabricariam, ao mesmo tempo, cem artesãos isolados. Essa história de alfinetes se chama revolução industrial

---

[8] «Há uma oferta sem limites / E não há razão para isso / Digo-lhe que era tudo armação / Eles fizeram isso só por causa da fama» (trad. livre). [N. E.]

e é mais ou menos nesses termos que é contada por Adam Smith em seu tratado sobre *A riqueza das nações*, de 1776.

Uma coisa é certa: no século XVIII os alfinetes eram muito usados. A divisão do trabalho em larga escala foi possível porque haviam sido acumulados, ao longo dos séculos e dos saques coloniais, capital e montante monetário suficientes para financiá-la; mas foi profícua porque existia uma demanda ampla e uniforme a ponto de absorver montanhas de alfinetes, e, depois, tecidos e roupas. O desenvolvimento de um mercado de massa pressupunha a existência de uma sociedade de consumidores em condições de partilhar necessidades, hábitos, códigos e modos por satisfazer: as economias de escala tinham como contraparte as «culturas de escala». Nessa fase, os indivíduos tendiam, do ponto de vista dos consumos, a se tornar cada vez mais parecidos entre si porque os produtos mais difundidos eram também os menos custosos: a quantidade aumenta à custa da variedade e da qualidade. Por sua parte, os capitalistas, para competir com os concorrentes nos custos de produção, eram obrigados a inovar continuamente aperfeiçoando as economias de escala e alimentando uma tendência inexorável em direção à uniformidade da oferta e à concentração do capital. Para citar *Ilusões perdidas*, de Balzac:

> Chega uma época em que, diminuindo as fortunas individuais de modo que se tornem todas iguais, tudo se empobrece: gostaríamos de tecidos e livros a bom preço, justamente como já queremos pequenas pinturas porque não temos espaço para as grandes. As camisas e os livros não durarão, eis tudo.

O princípio de uniformidade da produção define a civilização industrial clássica até a segunda metade do século XX, quando inicia a colonização da «cauda», primeiro curta e depois cada vez mais longa, das demandas não homogêneas. Até então, a história da indústria foi a história da massificação progressiva de necessidades cada vez mais novas, uma revolução que se desenvolveu contemporaneamente no plano econômico, político, social e cultural. Uma revolução que recapitulava outra, de três séculos antes: a revolução da impressão, a primeira indústria cultural.

A imprensa é a figura mais reconhecível do procedimento industrial: uma técnica que permite replicar indefinidamente o próprio protótipo, custosa em volumes pequenos de produção mas rentável em grande escala. Desde a primeira metade do século XV na Europa a diminuição do custo do papel e o desenvolvimento de técnicas de impressão já haviam permitido a fabricação de impressões xilográficas, como as primeiras cartas de jogo. O princípio da impressão é, no mais, simples, e a revolução não foi determinada por um progresso tecnológico, mas sobretudo pela maturação de uma demanda latente suficientemente ampla a ponto de solicitar a engenhosidade dos empreendedores e a mobilização dos recursos necessários. Era a demanda dos burgueses de língua alemã, em busca de instrumentos para fazer circular as ideias e, desse modo, reivindicar a própria autonomia política e religiosa.

Entre os empreendedores mais engenhosos estava um certo Johannes Gutenberg, ourives e cunhador de moedas de formação, que em 1450, em Mainz, se associa ao incisor Peter Schöffer e ao banqueiro Johann Fust para fundar uma tipografia, levando consigo duas boas ideias: a imprensa e os caracteres móveis. Em 1455, Gutenberg imprime sua célebre Bíblia latina em 180 cópias. Ainda que consideravelmente menos cara do que um manuscrito (que na época custava quase como uma fazenda), o preço ainda elevado de trinta florins destina sua aquisição a monastérios, universidades e burgueses abastados. Nos anos seguintes, todavia, a demanda aumenta e assim diminuem os custos de produção: o círculo é virtuoso. Aos caracteres móveis de madeira, Gutenberg passa a preferir aqueles de chumbo, antimônio e estanho, mais caros, mas também mais resistentes e, por isso, amortizáveis em grandes tiragens: a impressão esfria mais rápido e resiste melhor à pressão exercida pela imprensa.

No período da Reforma, as escalas de produção aumentam exponencialmente: no século XVI, as tiragens médias oscilam entre 1.250 e 1.500 cópias, cifras respeitáveis também em relação às hodiernas (sem, naturalmente, a mesma variedade de oferta). No ápice de sua carreira, o tipógrafo Anton Koberger possuía 24 imprensas e empregava cem pessoas. Três séculos mais tarde, na metade do século XIX, os Ateliers Catholiques do abade Migne, em Montrouge, na França, empregavam 596 operários para produzir a obra mais colossal do século, as famosas *Patrologias*. A atividade de Migne, como já a atividade enciclopédica de Diderot e D'Alembert, era mantida pelas subscrições por meio das quais os adquirentes — substituindo o banco para antecipar os enormes custos de produção — se empenhavam em pagar periodicamente certa soma e a receber os novos volumes. Hoje chamaríamos de *crowdfunding*.

A indústria da impressão realiza um notável avanço a partir dos anos 1820, com, por um lado, uma série de inovações tecnológicas (novos tipos de papel, de tinta, de composição, novos procedimentos de impressão mecânica e de encadernação) e, por outro (sobretudo), uma titânica expansão do mercado, graças também ao processo geral de aburguesamento e democratização, além dos progressos da alfabetização feminina. Entre 1811 e 1840, o número de impressoras na França aumenta duas vezes mais do que a população. O best-seller da primeira metade do século é *Histoire de France*, de Madame de Saint-Ouen, com quase 300 mil cópias vendidas.

Os jornais se abrem à publicação de romances em partes, os chamados *feuilleton*, enquanto aparecem verdadeiras fábricas da impressão e da encadernação. Entre 1848 e 1859, apenas na França, conta-se uma tiragem total de 60 milhões de romances populares ditos «de dois tostões». Porque o que se industrializou não foram apenas os procedimentos de impressão, mas também os métodos de escrita.

Expansão do mercado, vale dizer: um número sempre maior de pessoas que querem (e podem) ler *a mesma coisa*. Mas, se lemos todos a mesma coisa, não corremos o risco de nos tornarmos todos iguais? E, de modo recíproco: se devemos vender coisas adaptadas a um público amplo e não especializado, não corremos o risco de produzir livros de qualidade ruim?

Não foi apenas o procedimento de impressão, o *medium*, que se industrializou, mas até mesmo a escrita, a própria *mensagem*: ontem, assim como hoje, o autor popular compõe tramas estereotipadas como se dispusesse dos caracteres móveis ou *tipos*, mesclando os elementos com o intuito de reciclar situações e personagens. Justamente como na cadeia de montagem, os editores colocam uma dezena de pessoas no trabalho de um só romance, pensado de forma ideal para leitores pouco exigentes.

Os intelectuais descobrem a indústria cultural: e é o pânico.

«A impressão mata o livro!», polemizavam os intelectuais do século XIX. Sainte-Beuve foi o primeiro a falar de «literatura industrial», em 1839. Com efeito, um deputado francês denunciou o perigo político, ideológico e estético representado pelos *feuilletons*, como um século mais tarde fará o famigerado doutor Wertham, nos Estados Unidos, contra os quadrinhos.

Com a industrialização, afirmam seus primeiros críticos, prevalece a quantidade sobre a qualidade: qualidade do trabalho reduzido a escravidão, qualidade do produto enxugado de toda beleza. A difusão dos bens culturais para massas cada vez mais amplas parece constituir o que, já segundo Alexis de Tocqueville, era um perigo da democratização: um «despotismo doce», o da uniformidade dos valores e das opiniões. Aos objetos reproduzidos em série, escreve Walter Benjamin nos anos 1930, falta a aura do original. Sobretudo, o produto industrial se dirige a um mercado de massa, que pode absorvê-lo e amortizar seus custos de produção, e não ao palato refinado de artistas e intelectuais. Estes representam uma minúscula minoria que a indústria — por seu limite intrínseco: sua lógica de escala — não estava à altura de satisfazer. O desenvolvimento da indústria cultural no século XIX propicia assim uma reflexão radical sobre o caráter inconciliável entre indústria e cultura, entre povo (já em sentido de plebe) e literatos.

A crítica da civilização industrial ascende ao mesmo tempo que a revolução industrial. A partir da metade do século XIX, as grandes e barulhentas imprensas começaram a lançar um novo gênero de textos, que criticavam justamente esse barulho e seus produtos. Torna-se assim possível construir uma carreira literária, por exemplo, a de Charles Dickens ou Émile Zola, com base na denúncia dos efeitos colaterais dos procedimentos industriais que tornam materialmente possível essa própria carreira: paradoxo ainda atual. Os intelectuais começam a atacar o conflito insanável entre o aumento dos *outputs* produtivos e a degradação da qualidade do trabalho, entre a diminuição do custo dos bens e a diminuição dos salários. Ainda que sua matéria-prima seja imaterial, o setor editorial por certo não está imune aos problemas do trabalho industrial: nem então, como deduzimos dos testemunhos sobre as condições de trabalho nos Ateliers Catholiques do abade Migne relatadas por R. Howard Bloch em seu *O plagiário de Deus*, nem hoje, porque a impressão é cada vez mais feita na China em condições que se imaginam mais penosas do que no Ocidente.

As reflexões mais articuladas sobre a brutalização dos operários nas fábricas provêm de pensadores socialistas como Karl Marx e John Ruskin. Mais célebre como historiador da arte, Ruskin nos deu as primeiras grandes páginas de crítica anti-industrial em seu célebre tratado sobre *As pedras de Veneza*:

> O homem pode ser atacado, aprisionado, torturado, subjugado como um animal, massacrado como os insetos nocivos e ainda permanece, em certo sentido — no melhor dos sentidos —, livre. Mas sufocar o espírito que arde dentro dele, destruir e reduzir a pedaços putrefatos os germens vitais de sua inteligência, subjugar com uma máquina, com correias de couro, um corpo vivo, que depois da morte e do trabalho dos vermes está destinado a ver Deus, também isso significa tornar o homem escravo; e na Inglaterra talvez houvesse mais liberdade no período feudal do que há agora, quando a vitalidade da população é explorada como combustível para alimentar a fumaça das fábricas.

Em suas posições se inspira o movimento anti-industrial Arts and Crafts, fundado na segunda metade do século por William Morris. Em oposição à produção industrial de móveis e utensílios domésticos, Morris denunciava as nefastas consequências sociais e estéticas da industrialização. Tudo isso que a divisão do trabalho e as máquinas já permitiam fazer com tempos e custos menores, os seguidores do movimento o faziam de forma artesanal, mas com muito mais perícia: vasilhames, tecidos, roupas, joias, luminárias, móveis, tapeçarias, encadernação de livros. O que Morris propunha, um século antes da Internacional Situacionista, era uma reapropriação da atividade artística, que podia preencher (para um número cada vez maior de pessoas, ainda que circunscrito) o tempo livre «liberado» pelos progressos da industrialização. Mas, com toda evidência, a ambição de produzir objetos artesanais únicos e custosos não se conciliava muito com as simpatias socialistas de Morris, que foi um dos primeiros de uma longa lista de críticos «aristocráticos» da sociedade industrial. Abre-se um século de contradições.

Entre os anos 1920 e 1950, desenvolve-se uma verdadeira sociedade do consumo, obcecada pela apropriação de bens fúteis e descartáveis; mas, ao mesmo tempo, *obcecada pela própria obsessão*, empenhada numa perene autocrítica que é, também esta, pouco a pouco democratizada, tornada consumível, produzida em série. A condição dos intelectuais, na primeira metade do século XX, é paradoxal: lançados às margens do mercado cultural, sepultados sob montanhas de publicidade efêmera, parecem, por um lado, lutar contra o mercado que os exclui e, por outro, ambicionam conquistar esse mesmo mercado.

A FÁBRICA DO DISSENSO

A aposta é séria: a indústria cultural, seguindo as economias de escala, não corre o risco de aniquilar a verdadeira cultura, custodiada pelas minorias instruídas? Para o intelectual, cultura e indústria se mostram totalmente antitéticas. A crítica da cultura de massa é também um modo de sobreviver, tanto para os conservadores quanto para os progressistas. Para um René Guénon, que, da direita, afirma que «a opinião da maioria só pode ser expressão da incompetência» e que «o que se designa em nossos dias com o termo cultura nada mais é do que a instrução profana das massas», há dois acadêmicos de Frankfurt que, em 1944, denunciam o «totalitarismo» da indústria cultural.

Em sua *Dialética do esclarecimento*, Theodor W. Adorno e Max Horkheimer definem como «Indústria Cultural» o conjunto dos produtos pseudoartísticos, «barbárie estética», «porcarias» que «submetem os indivíduos ao poder total do capital» e «vetam a atividade mental ou intelectual do espectador», «paralisando», «alienando», impondo «a obediente aceitação da hierarquia social». De acordo com os dois pensadores alemães emigrados para os Estados Unidos, a verdadeira arte nega, combate, contesta e, sobretudo, não diverte, de outro modo é «crassa incultura, grosseria e estupidez». Segundo eles, essas presumidas formas de arte teriam apenas a tarefa de dar suporte a uma insidiosa forma de totalitarismo, neutralizando o dissenso e hipnotizando as massas. Até mesmo para uma música hoje totalmente reconhecida como o jazz, Adorno irá desferir suas palavras de fogo.

As opiniões de Marx, Ruskin, Morris, Guénon, Adorno e Horkheimer são uma pequena amostra das reações dos intelectuais diante da industrialização da cultura. Uma verdadeira estética anti-industrial toma forma no espaço de dois séculos, cristalizando-se em torno de alguns lugares-comuns que podemos expor de forma esquemática. A toda característica intrínseca dos processos de produção industrial (divisão do trabalho, mecanização etc.) corresponde um desvalor estético (ausência do gênio individual, artificialidade do produto etc.). Logo, bastará a soma desses desvalores da indústria para definir, de forma negativa, a concepção da arte segundo a nova cultura anti-industrial:

- Reprodutibilidade > perda da aura
- Divisão do trabalho > ausência de gênio individual
- Mecanização dos processos > artifício
- Impacto ambiental e social > externalidades negativas
- Enfraquecimento das matérias-primas > menor qualidade / obsolescência
- Grandes escalas de produção > padronização / conformismo
- Empresa capitalista > interesses de classe
- Alta demanda > nivelamento pelos gostos populares
- Oferta ampla > consumismo
- Separação produtor / consumidor > passividade do consumo

Essas críticas, que forneceriam material para um novo «dicionário dos lugares-comuns», hoje se mostram sobretudo ingênuas e míopes. Produtos «industriais», como os grandes clássicos do cinema ou dos quadrinhos, há tempos entraram no cânone artístico do século XX. Por um gosto e uma inteligência não contaminados pela propaganda do mercado da arte e por suas práticas de agiotagem historiográfica, uma história de Tio Patinhas assinada por Carl Barks ou um faroeste de John Ford valem tanto quanto um quadro de Kandinsky. Hoje, as posições anti-industriais se tornaram um segmento de demanda; e a crítica do mundo consumista, um pilar da estética popular. Quem compraria hoje um sorvete que se vangloria de ser «produzido em série com os mais modernos recursos industriais»? Pelo contrário, todos vão à Grom para tomar um «sorvete artesanal», mesmo que produzido numa fábrica. O que torna efetivamente antiquadas (e, por isso mesmo, inflacionadas) análises como as de Adorno e Horkheimer é a transformação da indústria cultural, hoje à altura de satisfazer qualquer nicho possível e imaginável.

A partir dos anos 1950 e 1960, a indústria e o mercado eram colocados em discussão como indústria e mercado, por meio de uma confusão entre limites históricos contingentes e limites estruturais. Desde o fim dos anos 1970, funcionando a pleno vapor uma verdadeira "economia do desejo", a contestação da sociedade industrial se acomoda em seu segmento legítimo. Veblen falaria de «conspicuous morality», a ostentação de consumos moralmente legítimos que definem o pertencimento a uma classe educada. Para essa transformação dos hábitos de consumo — para o desmoronamento das últimas resistências culturais — trabalham também as vanguardas artísticas e os movimentos de contestação. Massas de consumidores rebeldes expressaram uma necessidade em escala industrial de bens não industriais. Contradição? Não, absolutamente: a indústria logo será capaz de satisfazer também isso. A estética anti-industrial permanece há muito uma propriedade exclusiva de uma desaparecida classe de intelectuais de elite, mas não tardará a se tornar moeda comum no marketing: os anos 1960 representam o divisor de águas simbólico entre duas épocas da cultura de massa. Com efeito, seria um erro considerar o novo sistema de valores anti-industrial como incompatível com a economia industrial. De modo paradoxal, o que os críticos mais radicais estavam formulando, acreditando colocar condições que a indústria não poderia ter satisfeito, era apenas uma *demanda* altamente exigente. Não era tanto um «não» à sociedade industrial quanto um «sim, mas», como apenas mais tarde se mostraria com clareza. Para dizer com as palavras de Eric Hobsbawm presentes no capítulo dedicado aos movimentos de contestação de seu *Era dos extremos: O breve século XX*:

> Paradoxalmente, os rebelados contra as convenções e as restrições sociais partilhavam os pressupostos sobre os quais era construída a sociedade de consumo de massa ou, ao menos, as motivações psicológicas das quais se aproveitavam com mais eficácia aqueles que vendiam bens e serviços aos consumidores.

Ainda que de modo nenhum fossem conscientes, os mais radicais subversivos da ordem constituída estavam simplesmente trabalhando por conta para a sociedade de consumo. Longe de desaparecer de repente, suas ideias se difundiram com uma crescente intensidade, mas se tornando de todo inofensivas (ou, como se diz, foram «recuperadas»). O êxito de suas batalhas mostra-se muito mais claro hoje, quando qualquer reivindicação revolucionária é convertida no equivalente ao slogan publicitário. Jean Baudrillard podia escrever assim em *A sociedade de consumo*: «Assim como a sociedade do medievo se regia em equilíbrio entre Deus e o diabo, a nossa se rege pelo consumo e sua denúncia». Retomando o elenco dos desvalores ligados às características intrínsecas do produto industrial, notamos que na atual retórica publicitária todos foram substituídos por um valor disponível no mercado:

- Perda da aura > «único»
- Ausência de gênio individual > «autoral»
- Artificialidade > «artesanal»
- Externalidades negativas > «justo e solidário»
- Menor qualidade / obsolescência > «natural»
- Padronização / conformismo > «de grupo» / «customizado»
- Interesses de classe > «independente»
- Nivelamento a partir dos gostos populares > «comprometido»
- Consumismo > «fruição cultural»
- Passividade do consumo > «consumidor crítico» / «prossumidor»

A indústria do tempo livre se tornou o coração da economia (um quarto dos gastos do núcleo familiar), um setor florido que nasceu da evolução da indústria cultural sobre a qual escreveram Adorno e Horkheimer. Ela é integrada com o turismo, forma sublimada da crítica social porque nos permite viver temporariamente como cidadãos de sociedades ideais, mas de todo artificiais. Hoje, quando as mesmas críticas ao capitalismo cultural estão disponíveis por meio do capitalismo cultural — hoje que a indústria oferece produtos de autores *independentes* e comprometidos —, essas críticas ainda têm um sentido, presumindo que já o tiveram?

Um dos termos que sofreu a mais evidente perda de significado é justamente o conceito de «independente», ou, na gíria, «indie»: sua transformação vale como exemplo (já dogmático e até mesmo banal) desse processo de absorção da contracultura pela linguagem do marketing cultural. Na origem, o termo definia as empresas culturais médias ou pequenas e seus produtos, em oposição aos produtos *mainstream* das grandes empresas; hoje, é apenas uma *chamada* promocional. Na ideia de independência está a recusa da Indústria Cultural tal como descrita por Adorno e Horkheimer; na prática, o produto «independente» é hoje apenas um dos tantos produtos industriais disponíveis.

Se continuamos a citar os dois filósofos alemães é porque estão no coração de uma verdadeira contradição performativa: como escreve o organizador da edição italiana, a *Dialética do esclarecimento* se tornou «objeto de um consumo cultural fetichista». Em termos parecidos é descrito em *A sociedade do espetáculo*, de Guy Debord, numa nota introdutória da edição francesa: «Essa incandescente obra de denúncia do fetichismo da mercadoria parece ter se tornado ela mesma em fetiche». A crítica da mercadoria teria se tornado ela mesma uma mercadoria? Continuamente reimpressa em edição de bolso, até a última em 2008,[9] a *Dialética do esclarecimento* por certo não pode ser definida como um best-seller, mas é evidente que tem um mercado no qual alcança o estatuto de *longseller*. Ademais, esse mercado é satisfeito por meio de procedimentos de todo industriais: economia de escala, divisão do trabalho, diminuição da qualidade do suporte, distribuição de massa e, em certos casos, deslocamento das fábricas.

A *Dialética do esclarecimento*, presumida crítica radical da indústria cultural e do capitalismo em geral, é publicada na Itália pela Einaudi, histórica casa editorial de esquerda fundada em 1933 e adquirida em 1994 pelo grupo Mondadori, cujo maior acionista, como é notório, é a família Berlusconi. Mas o grande

---

9   Última edição na Itália até o lançamento deste livro, em 2016. [N. T.]

capital, do qual Berlusconi é ademais emblemático, não tinha, segundo Adorno e Horkheimer, como único objetivo sustentar o sistema existente? A *Dialética do esclarecimento* estaria, portanto, participando da submissão dos indivíduos ao poder total do capitalismo, impondo a obediente aceitação da hierarquia social, em vez de desvelar-lhe a verdadeira natureza e anunciar sua dissolução?

O mínimo que se pode dizer é que na indústria cultural algo mudou: o que há um tempo era produzido e distribuído por editoras mais ou menos independentes hoje é diretamente vendido ou distribuído por grandes grupos industriais, com frequência indiferentes ao conteúdo político dos produtos com os quais lucra. A *Dialética do esclarecimento* não é um caso isolado. No catálogo Einaudi, que naturalmente se constituiu muito antes da aquisição pelo grupo Mondadori, ainda hoje figuram autores como Walter Benjamin, comunista utopista, Karl Marx, pai do comunismo, Antonio Gramsci, fundador do Partido Comunista Italiano (PCI), Mario Tronti, teórico do operaísmo, e Mao Tse-tung, guia da Revolução cultural chinesa.

JOGO DUPLO

O jogo duplo da indústria cultural não podia continuar ao infinito sem que alguém tentasse exibi-lo justamente no momento em que parecia estar triunfando. No fim dos anos 1970, um grupo de jovens lumpemproletários ingleses chegavam no topo das listas musicais de todo o Ocidente, com um punhado de músicas de rock desajeitadas e cativantes que saudavam a anarquia. Seu nome era Sex Pistols e seu estilo «feio, sujo e mau», feito de provocações extremas, ganhou o nome de «punk rock». Sua gravadora, numa primeira fase, é o colosso multinacional de nome EMI. Seu empresário, Malcolm McLaren, um aspirante a músico influenciado pelos situacionistas franceses. Seu baixista, Sid, chamado «Vicious», um valentão fanático que se entrega à mitologia do rock morrendo de overdose com apenas 22 anos.

«Punk» era o nome de uma operação de recuperação artística e comercial de um conjunto de modas, comportamentos, práticas, linguagens, vestimentas produzidas espontaneamente pelo lumpemproletariado urbano da Inglaterra dos anos 1970. Os que eram simples *punk* (literalmente, «bandidos») se tornam um modelo cultural para a burguesia por meio de um processo de ressignificação. Depois do sucesso do single «Anarchy in the UK», que vendeu 50 mil cópias no Reino Unido, os escândalos repetidos convenceram o gerente mais *old school* da EMI a romper o contrato com os Sex Pistols. Os Pistols então assinaram com a Virgin Records, de Richard Branson — um capitalista da nova geração —, e publicaram uma coletânea de seus sucessos em outubro de 1977, *Never Mind the Bollocks*. Neste, uma música que faz piada com a EMI denunciando o paradoxo daquela «oferta sem limites», totalmente indiferente ao conteúdo, que a indústria cultural pós-1968 havia se colocado como ambição para propor no mercado.

O grupo se dissolveu pouco depois, e Malcolm McLaren revelou que os Sex Pistols não eram nada mais que uma farsa. A grande farsa do rock'n'roll: quatro incompetentes provocadores adorados pelos adolescentes de todo o mundo, uma brincadeira infantil para seduzir o mercado da rebelião. McLaren a descreve da seguinte forma, na apresentação do disco *The Great Rock'n'Roll Swindle*:

Fiz tantas coisas em minha vida, mas meu maior sucesso foi a invenção do punk. Deixem-me contar o início. Comecei chamando quatro rapazes, tomando o cuidado de que se odiassem entre si e que não soubessem tocar. Chamei-os de Sex Pistols. [...] Nesse momento, o plano estava pronto para enganar o sistema do rock'n'roll. Um plano que teria feito com que eu ganhasse algo como um milhão de libras esterlinas em dois anos.

Segundo McLaren, que faz questão de se passar por um diabólico manipulador, o golpe consiste em ter criado no escritório os ídolos musicais incompetentes e roubado um tesouro da indústria musical: em 1977, a chamada do *Daily Express*, não sem propósito, era «Punk? Call It Filthy Lucre» (Punk? Chame-o de lucro porco). Mas essa versão da história foi contestada por John Lydon, chamado de «o podre», cantor e compositor do grupo. A carreira de Lydon, primeiro com os Pistols e depois com Public Image Ltd. — experiências musicais entre as mais preciosas do fim do século XX — parece contradizer a teoria de McLaren, segundo a qual não havia absolutamente nada a salvar da música do grupo. E, no entanto, confirma que ao menos seu personagem de «proletário ignorante» era totalmente construído — inspirado em *Ricardo III*, na interpretação de Sir Laurence Olivier, como Lydon revelou na sequência... Ainda na música «EMI», Lydon já levantava a questão da autenticidade dos Sex Pistols:

> *Andy ou thought that we were faking*
> *That we were all just Money making*
> *You do not believe we're for real*
> *Or you would lose your cheap appeal.*[10]

Se o punk aparece, sem dúvida, como uma pose ou uma performance — falsos bandidos que reivindicam uma estética que não é exatamente a sua —, isso de fato não diminui seu alcance. Nesse sentido, é absurdo sustentar que o punk tenha sido «recuperado» ou «gentrificado» com o tempo, como muitos lamentam, porque o punk de fato foi um fenômeno de recuperação no exato momento em que foi inventado como uma farsa cultural. O caso dos Sex Pistols permanece o mais emblemático em sua fundamental ambiguidade, como presumida farsa que esconde uma verdadeira contribuição à história da cultura pop. Decerto, ninguém pode sustentar que a indústria musical nos tirou algo: pelo contrário, *Never Mind the Bollocks* foi um sucesso, e é ainda hoje, e, depois da venda da Virgin Records, está no catálogo da... EMI. O círculo se fecha. E no fim da feira não é fácil estabelecer quem foi o farsante e o enganado. Talvez o único a pagar pelas contas da grande farsa tenha sido Sid Vicious, e todos os outros que, como ele, levaram a sério isto: transgredir toda convenção social, destruir tudo e abandonar toda esperança no futuro.

Hoje, a Indústria Cultural é capaz de satisfazer novos tipos de demanda que, antes, eram consideradas marginais e/ou perigosas. Essa contradição é muito mais evidente no setor

---

10   «E vocês pensavam que estávamos mentindo / que fazíamos apenas por dinheiro / Vocês não acreditaram que a gente era real / Ou vocês iriam perder essa atração barata.» [N. T.]

audiovisual, que move capitais muito mais ingênuos. A partir dos anos 1980 e 1990, farejando o sucesso da cultura alternativa, os grandes do cinema e da música pop criaram filiais, colonizando de modo mais ou menos óbvio os nichos estranhos à cena *mainstream*. A Association of Independent Music (AIM), aliás, considera independentes os selos que não pertencem em mais de 50% a uma grande gravadora, o que deixa um amplo espaço de manobra para instruções do grande capital na indústria independente.

As assim chamadas grandes (Universal, Sony e Warner), por meio de complexas armações de *holdings* ignoradas pelos consumidores, possuem hoje em parte ou na totalidade diversos selos independentes célebres. O mesmo acontece no cinema, no qual os oito grandes estúdios históricos possuem diretamente as mais conhecidas casas de produção independentes, ideais para penetrar no mercado de filmes de autor que ao longo dos anos se revela cada vez mais profícuo como nicho, como laboratório e como vitrine publicitária para lançar novos produtos.

Essa estruturação da oferta responde, evidentemente, à necessidade de satisfazer um mercado altamente fragmentado, composto de nichos que procuram desviar da indústria *mainstream*. A absorção de selos independentes por grandes grupos permite manter a ilusão de produtos comprometidos e não alienados pela norma hollywoodiana. Nos anos 1990 e 2000, esse conceito se torna uma verdadeira fórmula mágica no marketing cultural: as rádios se enchem de grupos de rock chamados «alternativos» e, depois, «independentes», mas expressão da mais clássica indústria cultural e por ela sustentados.

Confrontando a indústria cultural contemporânea com a descrita no início do século por seus críticos, percebe-se uma transformação notável. Se antes a indústria era reconhecível por meio de tudo o que excluía (presumidas obras de vanguarda, revolucionárias, subversivas), hoje o é por meio de tudo o que inclui. O cenário é paradoxal: grandes grupos editoriais que publicam textos revolucionários, multinacionais discográficas que vendem canções que delas zombam, grandes estúdios cinematográficos que se mascaram de fábricas independentes.

Os grandes editores começam assim a seguir, com seus inumeráveis produtos ou por meio de suas filiais e participações, os segmentos mais marginais do mercado — a partir do momento em que as margens parecem invadir a página (o *mainstream*) e a página se reduz cada vez mais. Hoje, todos os grupos industriais (no cinema, na música, na edição) possuem mais de uma casa independente. Mondadori publica Karl Marx pela Einaudi justamente como Walt Disney Company financia *Fahrenheit 9/11*, de Michael Moore — o documentário que denunciou a «guerra do petróleo» de George W. Bush —, pela Miramax. Se nos anos 1960 era possível acusar a grande indústria cultural de não dar voz à contestação, é difícil imaginar hoje uma demanda cultural que permaneça efetivamente insatisfeita.

Há quem acuse certos autores de cuspir no prato em que comem. Mas e se cuspir no prato fosse apenas um modo de aumentar o caldo? Lênin tinha razão apenas em parte quando escrevia que o capitalismo venderia a corda que o iria matar: se é verdade que a vende, ninguém jamais pensaria em usá-la desse modo. Ainda que o capitalista fosse morto, não haveria mais ninguém de quem comprar a corda para expor como troféu no próprio salão! O capitalista e o anticapitalista estão apertados num abraço do qual ninguém mais pode se soltar sem colocar em perigo a própria existência.

DOS EDITORES ÀS PLATAFORMAS

Segundo os clássicos sobre a arte na época da reprodutibilidade técnica, a cultura da era industrial era um negócio duvidoso de produtos padronizados, consumo de massa e alienação do tempo livre. As economias de escala governavam as editoras, a discografia e a cinematografia, e não parecia haver alternativas ao triunfo da quantidade sobre a qualidade: literatura fabricada industrialmente, música comercial vazia e *blockbusters* ingênuos e infantis. Em nome do lucro, a arte e a cultura haviam sido substituídas por uma ignóbil falsificação.

Ironia do destino, a indústria cultural difunde em larga escala essas ideias, e assim a conversa anti-industrial, versão consumível do pensamento da escola de Frankfurt, torna-se hegemônica no segundo pós-guerra. Nos anos 1960, toda uma geração manifestou o próprio desejo de gozar (e consumir) além dos limites impostos pelas economias de escala. Mas essa contestação rapidamente toma a forma de uma demanda que o mercado está à altura de satisfazer. A partir dos produtos culturais, a burguesia ocidental queria variedade, originalidade, anticonformismo; queria uma escolha mais ampla — e a indústria cultural encontrou o modo de contentar a todos. Por meio da diminuição dos custos unitários de produção, estocagem e distribuição, começou a colonização das demandas de nicho. O nascimento da internet realizou na sequência as últimas condições que permitiram à indústria cultural penetrar no mercado com uma oferta de produtos sem limites: «*mainstream*» e «independentes», «padronizados» e «customizados».

A indústria cultural se apresenta hoje como um oligopólio com franjas: um pequeno número de grandes multinacionais (conglomerados midiáticos ou grupos midiático-culturais) e um grande número de pequenos ou pequeníssimos atores, as franjas, justamente. Essas franjas representam a esmagadora maioria dos atores, mas uma minoria da produção e do giro de negócios segundo um clássico diagrama de Pareto (20% dos atores geram 80% dos lucros). Todavia, também essa ínfima parte de mercado pode ser recuperada pelas grandes, por meio da distribuição.

É a transformação da relação entre *editar* e *distribuir* que caracteriza a época em que estamos vivendo. Nos últimos vinte anos, os grandes grupos se reestruturaram sob a ótica da sinergia e da integração vertical, tentando absorver toda a série midiática: hardware e software, como para a Sony; canais e conteúdos, como para Time Warner-AOL e Mediaset. Mas o ator que revolucionou o mercado cultural, sobretudo do livro, é apenas um revendedor: Amazon. Colocando-se como «The Everything Store» [a loja de tudo] (para citar o título do iluminador livro de Brad Stone sobre a empresa estadunidense), a Amazon coloca a seus clientes as ofertas ilimitadas sobre as quais a indústria cultural tinha começado a fantasiar desde os fins dos anos 1960. Ironia do destino: os sonhos de 1968 realizados pela logística industrial.

Ao lado de um pequeno número de produtos best-seller, sobre os quais é fácil maximizar os lucros, os grandes grupos midiático-culturais reforçaram e ampliaram sua oferta de produtos de baixa tiragem. A tecnologia seguiu, alcançou e superou seus críticos. Mas o que acontece quando a demanda e a oferta são tão irrelevantes a ponto de não representarem nem mesmo um nicho? Passa-se à fase dois, ou «dois ponto zero», como quer a moda, da indústria cultural. Lógica consequência, e superação, do estado de colonização dos nichos, que caracteriza a estratégia dos grandes grupos editoriais a partir dos anos 1970. A estratégia paradoxal de Mondadori, que coloca o lucro acima de qualquer consideração política, apenas anuncia um processo de dissolução do papel do editor e de transformação em plataforma.

A assim chamada «cauda longa» define a parte do mercado na qual se alcança um importante volume total de transações, digamos, um monte de livros vendidos, somando volumes unitários muito reduzidos, digamos, um punhado de cópias vendidas de cada título. A revolução, popularizada por Chris Anderson em seu livro *A cauda longa*, de 2006, consiste no fato de que possa ser rentável (para um distribuidor, um fornecedor de serviços ou para um grande editor) posicionar-se nesse segmento de mercado vendendo «less of more», pequenas quantidades de muitos tipos de produtos. A cauda do mercado é o segmento em que são satisfeitos os nichos de demanda. Tradicionalmente «curta», uma vez que, por força das circunstâncias, grande parte da demanda não era formulada nem satisfeita, graças à internet a cauda se alongou. Isso foi verdade sobretudo para os livros, verdadeiro banco de provas do visionário projeto de «everything store» imaginado por Jeff Bezos na metade dos anos 1990, isto é, justamente o site Amazon.

Por dois séculos, fazer economia de escala em volumes distintos foi simplesmente um paradoxo. A lei inexorável da uniformidade governava a indústria, e com ela a indústria cultural. O princípio substancial da produção industrial é que custa menos, e é por isso mais rentável produzir, distribuir e vender um só objeto em 100 mil exemplares do que cem objetos em mil exemplares, porque é possível subdividir os custos fixos no máximo número de unidades produzidas. Nessas condições, era difícil para um editor se posicionar na cauda longa.

Hoje, as tecnologias «print on demand» [impressão sob demanda] permitem imprimir, mesmo numa só cópia, livros e documentos a partir de suportes digitais, com um custo por unidade competitivo, e outras vantagens colaterais como a eliminação dos custos de estocagem e de risco de não vendidos (impressão «just in time»). Em 2007 foi conduzido um experimento literário utilizando essa tecnologia: o livro *Tristão*, de Nanni Balestrini, foi impresso pelo editor DeriveApprodi em milhares de exemplares todos distintos, e com capas diferentes, graças ao sistema Xerox FreeFlow, costumeiramente usado para objetivos menos extravagantes. Trata-se, escreve o autor na nota que acompanha o livro, de «uma tiragem de cópias únicas numeradas, cada uma contendo uma combinação diferente do material verbal pré-constituído, elaborado por computador segundo um programa estabelecido». Os exemplares impressos são 2.500, mas as combinações realizáveis são 109.027.350.430.000. Também aqui: exemplo extremo, caricatural, mas real e realizado.

A tecnologia finalmente atingiu as especulações combinatórias dos artistas dos anos 1960, reunidos no Opificio di Letteratura Potenziale e no Gruppo 63, que levaram Raymond Queneau a publicar, pela Gallimard, seu *Cent mille miliards de poèmes*, um «livro» composto de centenas de tiras para combinar a fim de produzir um poema inédito. Balestrini havia proposto suas primeiras «poesias à máquina» em 1961, no projeto «Tape Mark I», fazendo uso de uma calculadora eletrônica IBM, mas apenas agora que as máquinas Xerox podem imprimir de modo rápido e contínuo livros dissímeis, o curioso experimento pode ser comercializado. Um experimento que tem o mérito de exibir uma transformação tecnológica que diz respeito a toda a indústria cultural, e que lhe alterou radicalmente as referências.

Entretanto, o *print on demand* e o *variable-data-printing*, ainda que novos, são também estados intermediários no processo de colonização da cauda longa. Os custos variáveis que as tecnologias de impressão continuam a diminuir, hoje o digital praticamente zerou. No final da cauda longa está acontecendo algo: aí, os bens não são vendidos, mas trocados e doados. Todo dia, pessoas publicam na rede suas opiniões, canções, filmagens, desenhos, fotografias, softwares — para não falar dos planos revolucionários e de outros propósitos pseudossubversivos que circulam nos fóruns de internet. Milhões de pessoas se exprimem por meio de plataformas telemáticas (sites, blogs, grupos de discussão, redes sociais, vendedores on-line) para chegar a um micropúblico de mil, cem ou uma pessoa. É esse o rosto da nova indústria cultural, que transformou os consumidores em produtores e os produtores em consumidores, e todos numa terceira grande categoria híbrida: os *prossumidores*.

NASCIMENTO DO PROSSUMIDOR

Quando falamos de indústria cultural, pensamos nos produtos padronizados para uma sociedade de massa. Mas as coisas mudaram: hoje, a indústria cultural é a soma de todos os nichos possíveis. E num desses nichos está você, você mesmo.

Talvez alguém se recorde dos velhos vídeos do autoproclamado «crítico de arte» Andrea Diprè, antes que começasse sua descida aos ínferos do lixo: na época, falamos de 2012, mais ou menos, o advogado com frequência era convidado a debater na televisão com Achille Bonito Oliva, ficando com isso muito mais credível. Surreal, demencial, é certo, mas apenas um pouquinho mais do que os televendedores, aqueles que Ezio Greggio já parodiava em *Drive In*, nos anos 1980. Na época, Diprè se limitava a vender caro espaços promocionais em seus canais de TV a cabo, dirigindo-se a aspirantes a artista, acerca de quem tecia elogios frenéticos.

E foi assim que, vendo sua histórica entrevista ao saudoso Osvaldo Paniccia, autor da pintura *Natureza-morta com camarões*, tive uma iluminação: sou Osvaldo Paniccia. Todos somos Osvaldo Paniccia. Diletantes de talento, incompetentes determinados, homens e mulheres medianamente extraordinários ou extraordinariamente médios, em busca jocosa e desesperada por um pouco de visibilidade. E escrevi isso a Diprè. Escrevi que ele era a grande alegoria de nosso tempo. A sociedade há séculos se preparava para a chegada de Andrea Diprè: sua obra de dissolução é ao mesmo tempo uma realização. Sua resposta não tardou:

> Eu o parabenizo por ter apreendido o sentido profundo de minha missão artística. De fato, minha ideia é a do inautêntico que se torna autêntico.

Oracular como sempre, o advogado havia certificado minha intuição. Mas o que era precisamente essa intuição? Era algo que tinha a ver com a história da indústria cultural — uma radical transformação acerca da qual começamos a nos dar conta na última década, mas que na realidade está ativa há décadas, talvez séculos. E para explicá-la bem tivemos de ir muito longe: da invenção da impressão à crítica da sociedade industrial, do marketing antissistema à cauda longa... Ninguém podia prever como as coisas aconteceriam. Por alguns séculos, tudo parecia proceder de maneira linear: inovação tecnológica, investimentos crescentes, escalas de produção cada vez maiores e uniformização dos produtos. A indústria cultural, que produzia objetos padronizados para um mercado de massa, está se transformando num dispositivo de alocação de objetos irregulares num mercado fragmentado. Se antes se tratava de um sistema de seleção e difusão de conteúdos, hoje está se tornando uma plataforma neutra de publicação, circulação e troca. O espaço cada vez maior que parece ter sido desenhado fora da indústria cultural e contra ela, esse paraíso reencontrado onde livremente se cria, se troca e se frui de objetos culturais, é, na realidade, o próprio coração de uma nova economia cultural. Assim, finalmente as utopias de Bataille e da Internacional Situacionista ganham forma concreta, numa paródia do pós-modernismo que parece ser a verdadeira lógica cultural do capitalismo tardio.

A figura do «prossumidor», neologismo do marketing que indica um cliente que produz conteúdos explorados pela empresa, resume bem as contradições da indústria cultural 2.0. O exemplo paradigmático é hoje o do usuário das redes sociais. Meio *pro*dutor e meio con*sumidor*, o prossumidor em certo sentido consome a ilusão de ser um produtor, um *artista*, por meio de todo um ecossistema que gera as gratificações associadas à produção cultural — a partir do *like* de Facebook. Desse modo, suas pulsões bovaristas podem ser satisfeitas, e às vezes realizadas, por meio da ocasional promoção ao sucesso «real» (ou melhor, à *monetização*) dos prossumidores de maior sucesso virtual. Uma metáfora eficaz desse paradoxo foi realizada num episódio da série *Black Mirror*, «15 milhões de celebridades» (escrito por Charlie Brooker), ambientado numa futurista prisão-escritório onde homens e mulheres jogam sem parar num videogame para produzir energia, animados pela esperança de um dia se tornarem celebridades. De modo similar, os usuários em rede, produzindo e lançando conteúdos na internet, contribuem para tornar atrativas as plataformas de troca, que por sua vez produzem ou parecem produzir lucros consideráveis. Como se não bastasse, esse *user generated content* entra em concorrência com o trabalho cultural, oferecendo gratuitamente o que antes era vendido.

Em *O pêndulo de Foucault*, Umberto Eco definia «quarta dimensão da literatura» o mundo dos «autores às próprias custas»[11] (APS): um exército de perdedores que ambicionam ser publicados e que conseguem apenas pagando falsos editores, justamente como até há pouco tempo alguns aspirantes a artista iam à televisão nos canais de Andrea Diprè. Hoje, o *self publishing* permite a muitos de nós atingir, com nossa mensagem, um nicho mais ou menos grande. Na realidade, essa derrota é relativa, e em outras épocas a edição mediante pagamento foi praticada por muitíssimos autores que hoje consideramos clássicos. Eco pensava que os APS estavam errados e o mercado tinha razão, mas a revolução da cauda longa inverteu essa relação. Hoje, somos todos autores às próprias custas, porque os custos tendem a zero, seja para a produção material, seja, sobretudo, para a difusão digital. Isto é, somos uma versão 2.0 dos artistas do time de Diprè.

A quem o acusava de farsante, Diprè respondia de maneira crua mas eficaz: em seu canal de TV a cabo dava possibilidade aos «miseráveis», às vezes aos «casos humanos», de obter um pouco de visibilidade. A exposição televisiva (como a exposição em museus, a assinatura do artista ou a avaliação das agências) tinha de servir ao processo de valorização das obras, e talvez, em alguns

---

11 Em italiano, *autori a proprie spese*, cuja sigla é APS. [N. T.]

casos, até mesmo tenha funcionado. Na época do *user generated content*, Diprè proclama que para ser artista basta sentir-se tal:

> Você se sente artista? Se sente pintor, escultor, sente ter levantado alguns problemas ou mágicas da arte? Bem, Andrea Diprè, que sou eu, que está falando com você, o crítico Andrea Diprè está aqui. Para você, neste momento! Hoje, se o artista não vai à televisão — um pouco como todo mundo, mas o artista, sobretudo, vive de ser conhecido... como pode ter sua arte amada se não é conhecido?

Seus argumentos se parecem terrivelmente com a retórica das redes sociais, das publicidades dos celulares, das palavras de ordem da rede 2.0: «Crie seu blog», «Share your sounds» e «Escreva seu livro». Miseráveis, em suma, somos todos nós, artistas e escrevinhadores de domingo neste domingo que parece eterno. Se Diprè é um farsante, o que dizer do Facebook? E das faculdades de letras e filosofia? E das escolas de cinema, dos prêmios literários, dos sites de cultura, dos comentários e dos *likes* que constroem do nada reputações que não produzem nenhuma renda? O prossumismo é uma das grandes conspirações coletivas, ou, talvez, o único papel que pode dar sentido a nossas existências. Assim se realiza de maneira completa o mecanismo que define a sociedade de consumo, como é descrito por Günther Anders em *O homem é antiquado*, de 1956:

> De algum modo, todos estão comprometidos e ocupados como trabalhadores domésticos. Trata-se, é óbvio, de trabalhadores domésticos de um gênero nada usual. Porque eles realizam seu trabalho, a transformação de si próprios em homens

de massa, consumindo as mercadorias de massa, portanto, mediante seu *otium*.

A centralidade do *otium* no processo de reprodução do capital chama nossa atenção para o papel fundamental da «leisure class» vebleniana. Anders segue descrevendo como, empregando seu tempo livre para consumir, essa estranha figura profissional colabora com o sistema produtivo sem ser remunerada, aliás, *devendo ela mesma pagar os meios de produção*.

Se o prossumidor via de regra «trabalha de graça», é porque considera de algum modo justa a troca entre suas contribuições e o serviço que recebe em termos de comunicação, gratificação e visibilidade: mas em larga escala é também evidente que essa imensa massa de conteúdos não retribuídos entra em concorrência com setores profissionais preexistentes. De infraestrutura que deveria servir para facilitar o acesso às profissões — lubrificando as trocas sociais e fazendo emergir os melhores —, a internet 2.0 se tornou o principal fornecedor desses conteúdos que até há poucos anos eram pagos aos editores. Alguém pode sustentar que o prossumidor é explorado, enquanto produz gratuitamente textos e imagens ganhando pouco ou nada, e a fantasia sobre a possibilidade de conseguir ser remunerado: é a posição de Jaron Lanier. Pioneiro da informática *open source*, nos últimos anos o desenvolvedor estadunidense começou a refletir sobre uma solução para evitar que a rede mate a classe média enxugando qualquer possível fonte de renda. Assim, ele e tantos outros começaram a imaginar que as grandes multinacionais da internet 2.0 pudessem remeter uma parte de seus lucros aos próprios usuários, sem contar que essa parte infinitesimal (se não negativa, uma vez que muitas dessas empresas *não produzem nada de útil*) não resolveria nenhum problema.

A forma mais completa do prossumidor é a criação de «memes», ou melhor, de conteúdos semioriginais facilmente reprodutíveis cuja força expressiva é de todo independente do «talento» de seu autor, aliás, a quem raramente são creditados: o meme é uma criação coletiva que existe apenas no espaço e no tempo de sua circulação. O meme com frequência reivindica seu «mau gosto» cínico e, se possível, estúpido, talvez até trazendo à tona os signos de inumeráveis compressões e recompressões em formato JPEG. Por outro lado, a existência de *memers* reconhecidos por sua cifra estilística (como, na Itália, Bispensiero, Karbopapero 900, Oznerol ou Logo Comune) não pode ser considerada como um fenômeno derivativo: respeitam certos códigos do meme, mas, de fato, se interseccionam com outras formas de expressão como a sátira política ou até mesmo a arte contemporânea. Se não há dúvida de que os memes são a arte da classe inadequada, é difícil imaginar um «salário para os memers», como deseja (ironicamente) Logo Comune. No livro homônimo de 2011, Carlo Formenti definiu como «felizes e explorados» os prossumidores, mas para que haja uma verdadeira exploração é preciso que admitamos que estamos lidando com uma atividade *produtiva* — pode se tratar de e-book autopublicado, de status no Facebook ou de um meme. A teoria do valor-trabalho dos marxistas não é um cheque em branco para reivindicar a valorização de qualquer atividade humana, mas, antes, distingue entre o produtivo e o improdutivo, ou seja, no fim das contas, o trabalho que realiza novo valor e o que destrói um valor precedentemente acumulado. E o que há, no fundo, de mais literalmente *destrutivo* do que um meme, forma realizada da *dépense* [despesa] batailliana?

A distinção entre o produtivo e o improdutivo se mostra sempre de algum modo opaca, se não diretamente ideológica. Com frequência, as atividades intelectuais e artísticas sofreram um preconceito negativo mesmo tendo demonstrado ser capazes de produzir uma renda considerável, além de um valor para toda a sociedade. Mas também com frequência, e hoje mais do que nunca, o compromisso de uma massa supranumerária de operadores no setor se traduz apenas num enorme desperdício de recursos. É justamente o desequilíbrio produtivo e o improdutivo que marcava em Paul Mattick uma crise do capitalismo. A confusão é cada vez mais evidente entre profissão e hobby, entre trabalho e tempo livre, entre investimento e consumo. À maior parte das atividades profissionais, mesmo às mais gravosas e ingratas, corresponde um entretenimento equivalente, que consiste em praticar o esforço de forma ou em medida diferente. Com efeito, não é a mesma coisa levantar pesos na academia às sete da noite ou no mercado de frutas e verduras às sete da manhã. O mesmo vale para o sexo e para as atividades culturais, que podem ser prazer, trabalho ou até mesmo suplício, a depender do contexto. Um *ghost-writer* escreve por dinheiro e não goza nem mesmo do reconhecimento de sua fadiga, enquanto um autor APS está disposto a pagar para publicar — como qualquer pessoa que paga a conta de telefone em vez de pedir para ser remunerado pelas próprias belas conversas. Quando se fala de expressão entra-se numa zona cinzenta entre trabalho e deleite, e a ausência de critérios claros para distingui-los parece nos condenar a uma eterna confusão. Mas, no fundo, a confusão reina por toda parte: por que existem homens que pagam para ser frustrados e outros que pagam para frustrar? Qual dos dois está efetivamente trabalhando sem saber? Os economistas clássicos respondem com a lei da oferta e da procura e os marxistas distinguindo entre trabalho produtivo e trabalho improdutivo. Podemos talvez esclarecer essas distinções com os instrumentos da coprolalia.

«Cloaca» é o nome de um projeto do artista belga Wim Delvoye que consiste numa série de gigantescas maquinarias industriais que *digerem* a comida e, portanto, fabricam excrementos. Admitamos: é difícil imaginar um trabalho mais improdutivo e um produto pelo qual há menos demanda que a merda. O processo com o qual o animal transforma a comida em excremento é chamado de consumo, porque consideramos o *output* menos útil do que a matéria-prima. Por outro lado, se soubéssemos transformar os excrementos em comida falaríamos de produção, mais uma vez dando um juízo implícito sobre a utilidade do procedimento. O que dizer, então, do procedimento que transforma as horas de trabalho nas fábricas do Sul do Mundo (onde são produzidos os instrumentos tecnológicos que usamos) em conteúdos imateriais que trocamos para potencializar nossas reputações? O que dizer da massa de mercadorias que produzimos e pelas quais ninguém jamais estará disposto a gastar um tostão?

Os memes são, desse ponto de vista, a merda do prossumidor, o descarte por excelência. E, no entanto, também os rejeitos podem ser submetidos mais uma vez ao ciclo produtivo, como desde sempre reutilizamos os excrementos na agricultura. Basta observar as lojas: há gente que compra esterco de cavalo, há gente que o vende e, no meio-tempo, a mulher mais rica da China atingiu tal posto reciclando lixo... Reciclar os rejeitos do consumo cognitivo: e se fosse esse o negócio modelo do Facebook, da internet 2.0 e da cauda longa da indústria cultural? Ainda assim, todos nós, como o protagonista do episódio de *Black Mirror* que já citamos, vivemos na ilusão de que nossos rejeitos interessarão a alguém. No fundo, Piero Manzoni vendia a própria merda a um preço alto, e Wim Delvoye hoje a produz em série para seus prósperos colecionadores, que a usarão como bens pessoais. Os memes mais expressivos já estão entrando nos museus. Uma vez que temos de lidar com entidades puramente simbólicas, como nos ensinou Baudrillard, hoje bens de luxo podem ser considerados um rejeito e todo rejeito pode ser considerado um bem de luxo: quantas obras de arte apagadas, nos tempos antigos e modernos, porque não significavam mais nada para seus destruidores!

Tudo se resolve numa troca, desigual como toda troca. O prossumidor tem mais necessidade da plataforma do que a plataforma tem necessidade do prossumidor individual. Mas qual é o serviço que os usuários consomem na ilusão de produzir? Como primeiro Veblen intuiu no nascimento do século XX, os consumos culturais são instrumentos de posicionamento social. Na já citada *Teoria da classe adequada,* o sociólogo ilustra a função central, para a burguesia, do consumo vistoso, ou melhor, do desperdício e de sua exibição. Hoje, os indivíduos-consumidores podem construir a própria identidade cultural combinando produtos de proveniências heterogêneas, ou aparentemente heterogêneas. Para ainda citar o Baudrillard de *Economia política do signo,* que antecipa as reflexões de Bourdieu sobre a economia do capital social, numa sociedade caracterizada por uma perene mobilidade social «o estatuto ascendente ou descendente deve inscrever-se num fluxo e refluxo contínuo de signos de distinções». Se é verdade que ainda hoje alguns consumos culturais são partilhados por grandes massas populacionais (um filme da Disney ou um disco do U2, por exemplo), é também verdade que o mercado propõe infinitas alternativas. Todos podem ler, observar, escutar a mesma coisa no mesmo momento, mas cada um de nós pode também escolher entre uma multiplicidade cada vez mais variável de leituras, espetáculos e transmissões. Se nos tempos de Veblen o conjunto das posições representáveis por meio de comportamentos de consumo se constituía de modo binário segundo a distinção entre classes produtivas e classes predatórias, hoje o conjunto é muito mais vasto e complexo. De nichos, subculturas e contraculturas a sociedade ocidental sempre se compôs, assimilando-se assim ao catálogo dos animais do imperador chinês no célebre conto de Borges.

O trabalhador cultural hoje se confunde cada vez mais com o consumidor cultural. Trabalhador e consumidor definitivamente se fundiram numa nova criatura, o prossumidor cultural. Produzindo, ele consome recursos. E, consumindo, ele certamente produz algo: mas quem quer esse algo? Antes de se converter no puro e simples lixo, com seu intuito típico dos charlatões, Andrea Diprè havia compreendido a importância crescente da quarta dimensão, uma imensa confusão de diletantes em busca do momento certo, convencidos de que seus gastos mais ou menos malucos são um investimento. A corrida pelo reconhecimento é como um jogo de azar no qual a banca sempre vence e a maior parte dos jogadores empobrece até a falência. Portanto, a quem interessa levar Diprè ao tribunal? Jogamos e perdemos; e a banca sempre vence. Nossa tragédia é a de Claude Lantier, na *Oeuvre* de Émile Zola, o aspirante pintor que seguindo a própria ambição destrói tudo o que toca. No fundo da cauda longa, os usuários consomem a oportunidade de exprimir e fazer circular as próprias produções. De modo nem sempre consciente, trata-se de investimentos para uma potencial carreira, com frequência na própria indústria cultural. Mas o efeito dessa «guerra de todos contra todos» é também colocar em crise os antigos modelos econômicos. Se os produtores se transformam em prossumidores e os editores em plataformas, é todo o sistema que muda de forma. Já não existem bens: apenas serviços. Já não há propriedade: mas apenas fluxos de conteúdo.

No final de uma evolução secular que levou a tecnologia industrial a absorver e tornar consumíveis em vasta escala as formas mais refinadas da vida intelectual, a produção cultural para uma grande maioria da classe inadequada hoje já não se apresenta como trabalho, mas como consumo. Justamente como o pintor de Diprè é sobretudo *consumidor de telas e pigmentos*. De Gutenberg a Zuckerberg, esse é o fim da indústria cultural como a conhecemos. Esperemos apenas que tenhamos mais sorte que Osvaldo Paniccia.

5. O DILEMA DO BOA-VIDA

Vocês devem se devorar reciprocamente como aranhas num copo, dado que não existem cinquenta mil boas posições.

Honoré de Balzac, *O pai Goriot*

A RIVALIDADE DOS IGUAIS

Já citamos a intuição — de fato, revolucionária — que havia sido introduzida em 1821 na última edição dos *Princípios,* de David Ricardo, para explicar a tragédia do capitalismo industrial: «À medida que o uso da máquina se generaliza, o preço das mercadorias produzidas, por causa da concorrência, acabará por se alinhar ao preço de produção». Esse paradoxo é evidentemente válido para aquele tipo particular de mercadoria que são os serviços oferecidos no mercado pelos membros da classe inadequada. No momento em que cada indivíduo se torna uma espécie de empresa, um «empreendedor de si mesmo», como acontece como efeito da assim chamada uberização da economia, também ele sofre uma forma de queda tendencial da taxa de lucro: uma vez que um número crescente de pessoas foi equipado com competências profissionais (capital educativo) e aparelhamentos também profissionais (capital em sentido estrito), o efeito da concorrência e do excesso de oferta acaba por erodir toda margem de lucro. «A cada nova invenção que permite produzir em uma hora o que até agora se produz em duas horas», escreve Marx em *Miséria da filosofia*, em 1847, «deprecia todos os produtos do mesmo gênero que se encontram no mercado.» Neste ponto — e vale para as grandes fábricas assim como para os fotógrafos diletantes — as máquinas acabam por trabalhar em déficit na esperança de colocar a concorrência fora do mercado e conseguir, no fim, gozar de sua renda de ostentação.

Se a uberização e o desenvolvimento da *plataform economy* [economia de plataforma] acentuaram essa dinâmica levando-a a seu ponto de máxima contradição, ela já havia sido formulada com precisão por Alexis de Tocqueville em sua tentativa de analisar a novidade representada pela «sociedade dos iguais» prometida pela Revolução Francesa. No plano lógico e estrutural, os argumentos de Tocqueville, Ricardo e até mesmo Marx — três pensadores de cultura liberal que chegam, de um modo ou de outro, a uma visão crítica das transformações da sociedade do século XIX — são cumulativos. Os mecanismos que descrevem é um jogo não cooperativo no qual os atores, tentando passar por cima uns dos outros, produzem um efeito que não agrada ninguém. Tocqueville o descreve assim:

> Quando todas as prerrogativas de nascimento e riqueza são destruídas, quando todas as profissões são abertas a todos, e se pode chegar sozinho ao ápice de cada uma delas, uma carreira imensa e fácil parece se abrir diante da ambição dos homens, e estes se imaginam de bom grado ser chamados a realizar grandes coisas. Mas a experiência cotidiana se encarrega de corrigir essa maneira errônea de julgar. [...] Destruíram os irritantes privilégios de alguns de seus iguais; encontram a concorrência de todos.

Essa citação do segundo volume de *A democracia na América*, publicado em 1840, está no centro do primeiro livro de René Girard, *Mentira romântica e verdade romanesca*, um ensaio de crítica (aparentemente) literária com o qual o pensador francês, em 1961, inaugurava uma ampla reflexão sobre os efeitos perversos da emulação — o «desejo mimético» — sobre o corpo social. Em sentido ainda mais amplo, poderíamos dizer que a queda tendencial marxista da taxa de lucro nada mais é que o efeito da *rivalidade mimética das máquinas*. Mas, na sequência, nos interessaremos por um tipo particular de máquina, ou seja, os membros da classe inadequada, sobre os quais a teoria girardiana dá algumas indicações úteis.

Se seu primeiro livro passa quase despercebido, é preciso esperar uma década para que Girard publique aquele que será sua obra mais célebre, *A violência e o sagrado*. Na época, é certo que não havia lido *O Anti-Édipo*, de Gilles Deleuze e Félix Guattari, que sai no mesmo ano, 1972. Mesmo assim, ambos parecem querer fazer um balanço de 1968, e é um balanço diametralmente oposto. Ao descrever os indivíduos como «máquinas desejantes», Deleuze e Guattari produzem uma justificação teórica do slogan do Maio francês, convidando os revolucionários a «gozar sem limites». É um novo capítulo do diálogo entre psicanalistas e marxismo iniciado décadas antes com Georges Bataille e Wilhelm Reich. Mas também, como vimos, um capítulo fundamental da história da sociedade de consumo.

Também Girard coloca o desejo no centro de sua argumentação, mas a sua não tem nada de apologia: pelo contrário, em *Violência e o sagrado* o desejo é descrito como uma força destrutiva que a sociedade deve absolutamente manter sob controle. O desejo não nos salvará porque somos nós que devemos ser salvos do desejo. Moralismo puritano? Pelo contrário: Girard quer chamar a atenção para certos antiquíssimos mecanismos sociais que seria muito perigoso ignorar. São mecanismos «ocultos desde a fundação do mundo», para citar o título de outro livro seu, que os modernos correm o risco de destruir na ânsia da refundação do mundo sobre novas bases. Girard, magnífico reacionário, está aqui para nos precaver: as instituições, os dispositivos, as metáforas, os ritos que hoje se nos mostram absurdos na realidade tinham uma função bem precisa. E talvez ainda tenham.

O desejo está na origem da violência. Quando dois homens desejam a mesma coisa, como mostram os antigos mitos e a literatura, ele coloca as condições para um conflito. Além disso, os homens são naturalmente levados a desejar a mesma coisa, a construir o próprio desejo inspirando-se no desejo de outros. Isso é mais do que nunca verdade nas sociedades burguesas, nas quais o *Homo oeconomicus* não compete tanto pelos bens de primeira necessidade quanto pelos bens de ostentação, ou seja, por todos os consumos que servem para definir um status social. Em suma, a violência não nasce do confronto entre diversos mas entre iguais, e é justamente o igual que temermos também naquele que cremos ser diferente: por exemplo, o refugiado sírio que tanto se parece conosco a ponto de querer a mesma coisa que nós. É o irmão a imagem do adversário. O próprio complexo de Édipo, no fundo, é um conflito mimético.

Os antigos mitos descrevem sociedades nas quais o contágio da violência era evitado por meio do sacrifício: concentrando toda a violência num «bode expiatório», o ciclo infinito das retaliações podia ser interrompido. Nas sociedades mais avançadas, instituições e símbolos tomam o lugar do mecanismo sacrificial. Por exemplo, o ciclo da vingança é sufocado por meio do sistema judiciário, que evacua a ameaça da vingança ou, melhor dizendo, circunscreve-a numa represália única cujo exercício é confiado à autoridade soberana. A característica da sociedade contemporânea, segundo Girard, é ter colocado em crise essas instituições, tê-las tornado disfuncionais. O filósofo francês chama nossa atenção para a terrível contradição ínsita no sistema democrático, que querendo fazer-nos todos iguais nos coloca na condição de uma guerra permanente de todos contra todos. A tradição girardiana é, portanto, substancialmente a do liberalismo conservador de Edmundo Burke e Alexis de Tocqueville. Girard, como esses autores, coloca a Revolução Francesa de 1789 como a grande ruptura a partir da qual surgiu uma ordem precária e instável do mundo, sempre correndo o risco de ser infestado pela violência. Observando bem, são as próprias palavras de ordem dessa nova sociedade que são suspeitas: «liberdade», «igualdade» e «fraternidade» não parecem nos condenar a uma competição sem fim, a uma urgência de nos distinguirmos uns dos outros, a uma luta fratricida?

De forma contrária a certos lugares-comuns, a tradição do liberalismo conservador dirige um olhar crítico ao liberalismo econômico, isto é, ao «sistema de concorrência» alimentado pela rivalidade mimética, cujo único êxito possível, no esquema girardiano, será o consumo total de todos os recursos disponíveis. René Girard morreu sem ter escrito, talvez a quatro mãos como ultimamente gostava de fazer, o tratado de economia que parecia gestar havia anos. Aí poderia ter desenvolvido as analogias entre seu modelo e o da teoria dos jogos, ou, ainda, interrogar a função da rivalidade na criação de necessidade para estimular demanda, consumo e gasto públicos. Tentemos aqui, de algum modo, colmatar esse vazio.

A rivalidade mimética entre os homens e entre as máquinas, e até mesmo *entre os homens e as máquinas*, que numa primeira fase garante os extraordinários sucessos do sistema liberal estimulando a dose de risco necessária à inovação, numa segunda fase começa a corrompê-lo. Nesse ponto, o custo estrutural da concorrência generalizada excede os benefícios que gera. Como escrevia Fred Hirsch em seu *Limites sociais do crescimento*:

> A competição entre os indivíduos isolados no livre mercado tem custos invisíveis para a coletividade, mas também para os próprios indivíduos. Esses custos permanecerão um peso morto, um desperdício social, até encontrarmos um método de alocação alternativo e melhor.

Trata-se exatamente do decurso evidenciado por Ibn Khaldun e Peter Turchin quando descrevem a crise da *asabiyya* nas fases terminais do domínio imperial. Se a capacidade de cooperar espontaneamente marcava as fases de ascensão econômica, a prosperidade econômica agora adquirida acaba por subvencionar uma quantidade crescente, e até excessiva, de competidores. Todo ator se vê obrigado a penalizar o próprio adversário, por temor de ser ele mesmo penalizado, e a interação entre os diversos atores produz um resultado que penaliza todos. Essa solução não cooperativa tem um nome na teoria dos jogos: o «dilema do prisioneiro».

Em escala planetária, como afirmado por Girard no livro-testamento *Rematar Clausewitz*, a rivalidade econômica entre as nações corre o risco de levar, cedo ou tarde, a um conflito armado global que pode levar à destruição (literal) do mundo, ao fim de uma escalada como a descrita por Clausewitz em seu tratado *Da guerra*. Ou, para dizer de outro modo, a Mútua Destruição Assegurada: é preciso não nos esquecermos de que Girard desenvolveu suas teorias em plena Guerra Fria, mas que nos últimos anos de vida viu emergir a potência chinesa. Sua última profecia poderá ser verificada no tempo certo: «O conflito [entre Estados Unidos e China] acontecerá no momento em que a indiferenciação entre os dois adversários atingir seu ponto de não retorno». Mas esse conflito mimético já está acontecendo hoje na rivalidade entre as classes médias ocidentais e orientais: as primeiras (consumidoras do excedente internacional) que empobrecem as segundas (empregadas na oficina do mundo) que se enriquecem, mesmo que continuando a invejar das primeiras seu status, sua cultura, seus produtos de luxo e suas cidades de arte...

O empobrecimento da classe inadequada não depende de nenhum «vaso comunicante» com a ascensão chinesa, mas, antes, da lógica interna da classe inadequada, ou melhor, da concorrência posicional que a corrói, encarnada sobretudo na mais sagrada de suas instituições: o sistema educativo. Temos de lidar, portanto, com um caso particular de queda tendencial da taxa de lucro aplicado no incremento da capitalização sociocultural dos indivíduos. Parafraseando a célebre passagem de Ricardo, poderíamos dizer: «uma vez que todos se equiparem com os mesmos títulos e competências, por causa da concorrência o preço da mercadoria produzida acabará por alinhar-se ao preço de produção». Num mundo de «empreendedores de si mesmos», todos acertam as contas com o risco da falência.

ABAIXO A ESCOLA

Se Gustave Flaubert voltasse à vida para escrever uma edição atualizada de seu *Dicionário das ideias feitas*, os principais argumentos poderiam se limitar à simples transcrição de alguns documentos oficiais da ONU ou da Unesco. Na densa produção literária desses organismos transnacionais se articulam os dogmas da religião de nosso tempo em matéria de arte, cultura e política, um destilado da ideologia que respiramos na propaganda institucional, na comunicação publicitária e na filosofia ordinária. Se quisermos ter uma ideia da opinião dominante sobre a questão da educação, por exemplo, podemos tranquilamente ler alguns desses documentos oficiais.

O artigo 26 da Declaração universal dos direitos humanos, de 1948, sanciona o direito de todo cidadão à instrução ou, de forma mais geral, à *educação*, segundo os textos originais em inglês e francês. Duas são as principais finalidades da instrução: o «pleno desenvolvimento da personalidade humana» e o «reforço do respeito dos direitos do homem e das liberdades fundamentais». A primeira faz referência à igualdade das oportunidades, enquanto a segunda exprime a convicção de que o indivíduo deve ser, digamos, *programado* para a democracia. Cultivando a ficção teórica de um nivelamento preliminar das condições econômicas e das posições políticas, a escola mostra-se em suma como a pedra angular de todo o edifício de legitimação do Estado liberal secularizado. Um sistema que deveria permitir ao filho de um operário se tornar empregado ou ao filho de um empregado se tornar advogado; um sistema no qual a cada um são oferecidos instrumentos culturais para decidir sobre o destino comum. *Fundar a democracia* — eis, em toda sua simplicidade, o que se espera da escola. Mas essa função é verdadeiramente desenvolvida de forma eficaz? E se trata assim, de fato, da real função do sistema educativo?

Essa ideia remonta ao Iluminismo: no projeto de reforma do sistema educativo apresentado na Assembleia Nacional, em 1792, o marquês Condocert sustentava que a instrução pública era o instrumento necessário para formar uma sociedade composta de indivíduos responsáveis, iguais e contrários ao despotismo. Segundo essa visão, a escola é a primeira, verdadeira e necessária condição da convivência civil. Com efeito, o bom cidadão democrático deve estar em condições de compreender o mundo que o circunda para exprimir preferências políticas: ele se emancipa aprendendo a reconhecer o próprio interesse. Mas deve, ademais, fazê-lo em plena harmonia com o interesse coletivo, sob a bandeira dos valores partilhados, ou seja — ainda cito o artigo 26 —, «a compreensão, a tolerância, a amizade entre todas as Nações, os grupos raciais e religiosos». Não se trata de transmitir apenas certa *quantidade* de saber, mas também uma *qualidade* específica. A Declaração faz referência a um ensino animado pelos princípios da própria carta: «liberdade de palavra e de credo», «igualdade dos direitos do homem e da mulher» etc. Segundo essa visão, um cidadão não instruído poderia ser levado a formular posições não democráticas que seriam, por isso mesmo, não legítimas. Mas, segundo concepções mais inclusivas da democracia, aí está a contradição fundamental da ideologia dita «universalista» ou «humanista». Associando a legitimidade de uma posição política a uma competência que deve ser adquirida, ou a uma escala de valores que deve ser aceita, essa concepção de democracia abre o flanco para acusações de classismo, racismo e, às vezes, neocolonialismo.

Trata-se de um verdadeiro paradoxo que reemerge tão logo um escrutínio premia forças políticas consideradas aberrantes. Pensemos nas reações diante dos resultados da Frente Nacional na França, de Trump nos Estados Unidos ou do Hamas em Gaza, mas também na litania que temos ouvido na Itália por vinte anos sobre os eleitores de Berlusconi ou da Liga Norte, naturalmente «ignorantes». As estatísticas efetivamente podem mostrar, em certos contextos, uma correlação entre elevado nível de estudos e posicionamento político de esquerda, e esse dado pôde reforçar a ideia paternalista segundo a qual os «acidentes de percurso» da democracia dependem de um defeito de instrução dos cidadãos chamados a exprimir suas preferências (e não, como muitas vezes se mostra razoável, de suas legítimas estratégias de classe). De nossa parte, cremos que seja possível combater essas ideias sem fazer delas uma questão de maior ou menos instrução: aliás, na última parte deste livro se fará referência à ameaça fascista representada por projetos como os de Le Pen e Trump, que como produtos da dinâmica interna da classe inadequada são, quando muito, o efeito perverso de um *excesso relativo* de instrução. Todavia, nos recusamos a «medicalizar» o debate político para desacreditar nossos adversários.

Com o objetivo de ampliar o campo das patologias culturais a serem erradicadas, foi criada no pós-guerra a categoria de «analfabetismo funcional». Recorrendo a elaborados testes e indicadores, e, em particular, aos dados recolhidos no âmbito do PIAAC (Programa para a avaliação nacional das competências dos adultos), a OCDE podia afirmar, em 2014, que, «no total, 70% da população italiana se coloca abaixo do Nível 3, o nível de competências consideradas necessárias para interagir de modo eficaz na sociedade do século XXI». A solução para todos esses problemas seria assim muito simples: é preciso investir na formação. Mas, se não basta a escola obrigatória, quantos anos de estudo são necessários para educar os italianos a «interagir de modo eficaz» e a votar *corretamente*? É preciso instituir o doutorado obrigatório e generalizado para assegurar a vitória das forças democráticas? Essa hipótese caricatural não está demasiado distante de certas encarnações contemporâneas da ideia de «direito ao estudo» compreendido como cheque em branco para um investimento de recursos públicos e privados sem limites. Para dizer a verdade, é o próprio conceito de direito ao estudo que é indeterminado. É raro ser indicada a medida da dose de instrução à qual todo indivíduo teria «direito», mesmo que nos textos oficiais às vezes sejam fornecidas indicações do mínimo no que diz respeito à sua aplicação. Em que consiste precisamente essa educação? Fala-se de conhecer o alfabeto, ou de ler romances, ou de ler *bons* romances (juízo discricionário), ou de navegar na internet, ou de conhecer a história das ideias políticas, ou do que mais? O direito à instrução é vago e, portanto, extensível segundo os pontos de vista: pode justificar tanto a promoção de programas de alfabetização no Sudão quanto a defesa tenaz de ciclos de estudos universitários de três, cinco ou oito anos na Itália — ao final dos quais, ademais, não se está nem mesmo certo de que o estudante tenha adquirido as competências basilares de compreensão de texto. Na grande confusão ideológica que reina, podemos, portanto, ver as praças ocidentais se encherem *primeiro* com jovens de vinte anos que reclamam financiamentos públicos por sofisticadíssimas formações, e, *na sequência*, alguns anos depois, de adultos de trinta anos que reivindicam o direito a uma inserção profissional à altura de sua educação. Está implícita uma forma evidente de desprezo de classe: eu tenho um mestrado em Cooperação para o Desenvolvimento e por certo não vou trabalhar no supermercado.

A Declaração dos direitos humanos de 1948, que tem força de *soft law* para os Estados aderentes às Nações Unidas, prescreve no mínimo a *gratuidade* do ensino elementar, a *obrigação* da instrução elementar e a *liberdade de acesso*, com base no mérito, à instrução superior. Mas grande parte dos Estados ocidentais foi muito mais longe, estendendo a obrigação até a escola secundária (15-16 anos), a gratuidade até a universidade (França, Europa do Norte) e rebaixando o máximo possível as barreiras ao acesso, em nome — mas só em nome, como veremos — da luta contra a discriminação censitária. O aumento da duração dos estudos e do gasto com educação é geralmente interpretado como um «progresso»: porém, mais uma vez, não está claro até que ponto será possível considerar «suficiente» a instrução do cidadão. Em seu ensaio de 1974, *Desocupação intelectual e sistema escolar na Itália*, o sociólogo Marzio Barbagli não hesitava em falar de um verdadeiro «mito moderno»:

> Talvez jamais a confiança na instrução tenha sido tão forte e indiscutível como no fim dos anos 1950. Sacerdotes modernos predicaram então sua virtude. Sustentados e financiados pelos governos e pelas fundações, sociólogos e economistas investiram suas melhores energias nessa empreitada fascinante. Desempoeiraram velhos conceitos ou forjaram novos; recolheram, elaboraram e escrutinaram dados; encheram as páginas de seus livros e de seus artigos com austeras fórmulas matemáticas que garantiram a cientificidade de seus discursos. Mas procuraram também ser compreendidos e rodaram o mundo, fizeram conferências, escreveram breves obras de popularização. A partir

destas, finalmente, muitos conseguiram compreender quais eram as virtudes da instrução, compreenderam que bastava que essa fosse plantada, se enraizasse, crescesse sã e robusta para que todos os males do homem acabassem, as tiranias desmoronassem, a miséria, o desemprego e o subdesenvolvimento desaparecessem.

No espaço de vinte anos, nota ainda Barbagli, houve na Itália uma passagem da escassez de pessoal qualificado a um excesso de diplomatas e graduados em relação à possiblidade de absorção pelo mercado de trabalho. Uma diferença que representa contemporaneamente um desperdício coletivo para o Estado, que financiou a universidade, mas também um desperdício individual (e um custo psicológico) para quem investiu na própria formação. Quem ganha, pelo menos a curto prazo, são as empresas que podem se valer de uma oferta de força de trabalho superabundante e barata, uma vez que suas pretensões salariais são comprimidas pelo exército de reserva dos desempregados superinstruídos. Desde então, a situação só piorou. De modo paradoxal, na Itália essa situação coexiste com taxas relativamente baixas de instrução secundária e percentuais altos de abandono escolar, enquanto o valor quase nulo dos títulos de estudo no mercado de trabalho não gera um feedback que justifique racionalmente o investimento formativo. A supereducação, de fato, coexiste com a subeducação: paradoxo típico de mercado de trabalho dual. Um dos efeitos da desvalorização dos títulos de estudo é, no mais, o baixo percentual de graduados na Itália em relação à média dos países europeus: uma vez que a graduação é menos facilmente utilizável no mercado de trabalho, em particular no Sul ou nas zonas extraurbanas, uma parte da população a considera (corretamente) um investimento perdido. Esse investimento com certeza depende das poucas capacidades de absorção do mercado de trabalho (exaurido pela crise), das necessidades peculiares de um tecido de pequenas e médias empresas tipicamente italianas (empresas capazes de transmitir elas mesmas as competências que julgam necessárias), dos critérios de seleção (às vezes clientelistas). Mas depende também da inflação provocada nos títulos inferiores (madureza, graduação de três anos) pela corrida aos títulos superiores (especialização, mestrado, doutorado...) por parte de uma minoria mais próspera. Existem, naturalmente, problemáticas muito diferentes de país a país, e também entre escola e universidade. O que interessa compreender aqui é um mecanismo mais geral, com seus efeitos econômicos perversos, isto é, a competição formativa.

Nos mesmos anos de Barbaglia, Ivan Illich havia denunciado o custo considerável de todo o sistema escolar, diante de resultados sociais cada vez menos encorajadores. Sua análise, que na época podia parecer «utópica», e mesmo um pouco hippie, hoje se mostra, pelo contrário, *anti*utopista e terrivelmente realista. O sistema educativo representa sobretudo um custo privado para aqueles que seguem a promessa de uma improvável ascensão social. E, além disso, representa um custo público, uma vez que se pede que o Estado financie uma crescente demanda de educação viciada pela competição pelo acesso ao mundo do trabalho: uma «guerra de lances» sem nenhuma relação com as competências necessárias para participar da vida econômica da coletividade. Esses custos se tornaram simplesmente irracionais. Mas os defensores do direito ao estudo respondem: o estudo não é um custo, mas um *investimento*. O progresso no plano da educação acompanharia e guiaria o progresso econômico. E o progresso econômico, como é notório para todos desde que John Maynard Keynes inventou a pedra filosofal, *não tem* limites.

Na apresentação do programa «Educação para o século XXI», no site da Unesco, afirma-se que o direito ao estudo deriva «da convicção de que a instrução desenvolve um papel fundamental no desenvolvimento humano, social e econômico». Esse «papel fundamental» alude a uma possibilidade fascinante: isto é, que seja possível alimentar o desenvolvimento com a instrução, e a partir disso financiar a instrução com o desenvolvimento, num milagroso círculo virtuoso keynesiano. Estimulando os consumos e incrementando a produtividade do trabalho, efetivamente os diplomas podem gerar postos de trabalho. Por esse motivo, seria útil continuar a estender a instrução no tempo e no espaço, fazendo com que todos estudem e por mais tempo, alimentando com cada vez mais recursos a escola e a universidade. Mas é de fato tão mecânico?

Segundo uma teoria muito feliz, seria necessária uma relação de causa e efeito (ou mesmo de *proporcionalidade*) entre o nível de instrução e o crescimento econômico de um país. Alguns sustentam que a relação seria demonstrada. Essa teoria é fundada numa correlação que pode efetivamente ser confirmada em certos contextos, mas sobre ela pesam também numerosos contraexemplos e defeitos metodológicos. Primeiro, se as duas curvas crescem em paralelo, com toda a evidência a relação causal pode também ser invertida: a sociedade resulta cada vez mais educada sobretudo porque pode se permitir gastar recursos na instrução, e, como vimos, tem fortes razões ideológicas para fazê-lo. A instrução é um *efeito* antes de ser uma *causa* do crescimento. Além disso, se a educação pode garantir um nível mais alto de produtividade do trabalho e uma maior capacidade de absorver tecnologias avançadas pelos países desenvolvidos, isso depende da conformidade específica entre formação e demanda do mercado, e não de uma quantidade genérica de anos de estudo ou de «cultura», como, pelo contrário, pode resultar de dados estatísticos excessivamente vagos colocados a serviço de uma espécie de pensamento mágico. Em suma, não basta investir na formação, é preciso também se perguntar *qual* formação. Por fim, uma vez que a famosa correlação nos países ocidentais resulta cada vez mais lenta e menos evidente, é absurdo ignorar a possibilidade muito concreta de que existe um limiar de saturação, cujo alcance faz com que a causa cesse de agir ou aja de forma mais fraca. Um rendimento decrescente da instrução, por assim dizer.

O certo é que a divisão do trabalho requer uma crescente «diferenciação funcional» da força de trabalho. Para citar Barbagli, «à medida que o nível de qualificação requerido pelas ocupações na sociedade industrial cresce, aumenta o percentual da população que deve passar pelas instituições escolares, e aumenta também a duração do período que a população deverá ficar nelas». Mas o sociólogo contestava que a expansão da instrução pudesse ser inteiramente explicada por esse modelo de tipo funcionalista, uma vez que «apenas uma parte da elevação do nível de instrução pode ser atribuída a um aumento do percentual dos postos altamente qualificados». Aliás, notava que «a instrução nem sempre aumenta a produtividade da força de trabalho, mas pode produzir também efeitos de sinal contrário», assim como o fato de que «em muitos países capitalistas há uma forte tendência à subutilização da formação geral e dos conhecimentos especializados de vastos estratos da população». Barbagli concluía que era preciso considerar a educação também como produtora de status e que, portanto, nas escolhas individuais pesavam «as relações de força entre os vários grupos sociais» e as «lutas que estes empreendem para manter ou melhorar a própria posição no sistema de estratificação social».

Em geral, a teoria da relação necessária e mecânica entre educação e crescimento foi submetida a várias críticas, e, em tempos recentes, refutada com habilidade pelo economista inglês Alison Wolf em *Does Education Matters? Myths About Education and Economic Growth*. Deixando de lado toda precaução, o Centro Studi di Confindustria [Centro de Estudos da Confederação das Indústrias] apresentou, em 2014, um estudo cujas conclusões, resumidas no jornal *Sole 24 ore* de 29 de março de 2014, facilmente pareceriam ficção científica:

> Um aumento de 15% do PIB em termos reais em 10 anos. Traduzido em cifras, 234 bilhões, com um ganho de 3.900 euros por habitante. Um cenário que poderia se tornar real se o grau de instrução do italiano subisse para os níveis dos países mais avançados.

Do mesmo modo, um economista da Boêmia no século XIX poderia ter formulado uma lei universal, aliás, um rigoroso modelo matemático, que liga a produção de manufaturas de cristal à riqueza de uma nação: só para ser refutado dois séculos depois de uma crise do mercado de vidro. Deus não quer que na Boêmia exista uma seita de «cristalistas» fiéis ao ensinamento daquele economista, os quais, como desesperados, continuem a fabricar vasos, jarros e copos com a convicção cega de que por causa da produção de mercadorias invendíveis se consiga, por fim, reviver o mecanismo! Com o mesmo método abstrato os economistas americanos criaram, nos anos 2000, a ilusão de um mercado imobiliário que deveria ter continuado a crescer; e depois, em 2008, foram obrigados a ver a explosão da maior bolha especulativa da história humana. Hoje, enquanto continuamos a repetir como um mantra que «a cultura não é um luxo», são cada vez mais numerosos os analistas que falam de uma «bolha educacional» pronta para explodir e arrastar para a pobreza a parte mais frágil da classe média.

ORDEM EDUCACIONAL E EFEITOS PERVERSOS

Se o sistema educacional falha hoje em gerar riqueza e em propiciar uma distribuição equânime é por causa de um clássico paradoxo que em 1977 Raymond Boudon resumia em *Efeitos perversos e ordem social*: «As ações individuais inspiradas em boas intenções podem, combinando-se entre si, por *composição*, produzir efeitos não buscados». A ação política não deve, portanto, ser guiada por bons princípios, mas refletir sobre consequências e aprender com os erros. Isso é, todavia, muito difícil porque diante de uma falência sempre se pode tentar «aumentar a dose» de certo remédio, ou se perguntar se o problema não estaria justamente no remédio. Em seu *The History of development*, Gilbert Rist mostra como as ajudas ao desenvolvimento econômico são de fato similares a uma religião, com seus rituais que exorcizam as contínuas falências. Assim, às vezes acontece de, diante de um feedback negativo, inspirando-se num modelo de análise defeituoso, se reagir piorando a situação. Inúmeros casos de obstinação no erro se encontram na série de livros *Les décisions absurdes*, de Christian Morel, que à luz dos estudos de Boudon analisa o mistério da «contrafinalidade» e o modo como os feedbacks regulatórios podem ser mal compreendidos. Exemplo paradigmático desse tipo de erro é o recurso à sangria na medicina no final do século XIX, prática que na maior parte dos casos enfraquecia o doente e, às vezes, causava a morte por anemia. Nesse caso, se fala de «efeitos iatrogênicos» da cura, e isso inspirou em Illich o conceito de «iatrogênese social» como «efeito paradoxal não intencional» da intervenção política:

> Quando uma atividade instrumental supera certo limiar definido por sua escala específica, primeiro se dirige contra o próprio objetivo e depois ameaça destruir todo o corpo social.

O debate sobre a educação e, de modo mais geral, os debates sobre o gasto público correm o risco de se transformar num diálogo de surdos entre aqueles que interpretam a falência como efeito do «demasiado» e os que a interpretam como efeito do «demasiado pouco». Entretanto, todos concordam que algo não vai bem, e é possível, além disso, que todos tenham razão: ou seja, que o sistema pode trazer benefícios tanto por um aumento quanto por uma diminuição da dose de gastos, uma vez que o efeito perverso depende de um equilíbrio entre as ações e as variações de contexto. Não apenas o sistema custa marginalmente mais do que rende, mas também alimenta as diferenças sociais e econômicas que pretende atenuar. Em suma, escreve Boudon, «a crença segundo a qual o aumento maciço da educação só podia trazer vantagens foi desmentida pelos fatos». Há quarenta anos, aliás.

A desigualdades das oportunidades é o título do livro que Boudon dedicou inteiramente ao estudo da falência do sistema educacional francês em 1973, e que permanece atual ainda hoje e em diversos países. Mas seu alerta não foi escutado, provavelmente porque coloca em crise a relação necessária entre intenção e efeito que funda a ideologia das democracias contemporâneas. O sistema educativo está distante de atingir seus objetivos fundamentais no estado atual. É no plano da mobilidade social que os resultados são mais desoladores: como já notado por sociólogos dos anos 1970 (Boudon analisa de forma ampla a questão) e como já confirmado por um estudo de 2005 da London School of Economics («Intergenerational Mobility in Europe and North America»), as sociedades ocidentais deixaram de progredir no sentido da igualdade apesar do aumento total da média dos anos de estudo, que deveria ter atenuado todas as diferenças. É claro, as estatísticas mostram que, por toda parte, a média da renda individual aumenta com o número de anos de estudo. Geralmente, na maior parte dos países ocidentais, estudar permanece sendo vantajoso para quem pode se permitir. Todavia, o dado em si marca apenas que o mercado de trabalho usa a educação como *critério de seleção* (ou de «*signalling*») dentro de determinada população, e não que os diplomas *produzem* novos postos de trabalho. Exatamente por esse motivo, nestas páginas nos concentramos na natureza *posicional* dos títulos de estudo, e podemos fazer uma leitura vebleniana disso. O mecanismo de seleção é um jogo de soma zero e a competição formativa é uma espécie de caríssima «conta» para alocar o capital humano.

 O fato de existir uma correlação entre nível de educação e renda *individual* não implica de nenhum modo que deva haver, *na totalidade*, uma influência da educação sobre o crescimento. Ilustramos esse paradoxo com um exemplo: se uma hipotética sociedade reparte a riqueza em função dos resultados numa corrida, o mais veloz terá um ganho superior ao mais lento. Mas isso não implica que correndo seja criada riqueza, nem que se todos correrem mais rápido seja possível influenciar a riqueza total. Ao contrário, estaremos apenas todos mais cansados. Sem dúvida, é preciso levar em consideração também os efeitos da educação sobre a produtividade e os efeitos da produtividade sobre o crescimento, mas esses efeitos podem ser positivos (quando se atinge um nível de forção ótimo) ou negativos. Com efeito, o investimento excessivo ou mal alocado produz quedas de produtividade ou fenômenos de «contraprodutividade» (o conceito é de Illich), como mostra também o fato de que o mercado de trabalho aceita e exclui a força de trabalho superinstruída — uma população caracterizada por elevadas taxas de insatisfação, absentismo, sabotagem industrial e uso de drogas, nossa classe inadequada, em suma.

Periodicamente, um político imprudente ataca jovens preguiçosos, desencadeando assim a turbulência de milhares de pessoas que vestem a carapuça e manifestam a própria inclinação ao status adquirido por meio dos investimentos formativos: «Tenho sete graduações, vá você colher tomates!». Não é possível deixar de colocar, então, a questão do *desemprego voluntário*: não seria a própria classe inadequada a refutar certos valores, demasiado humildes e fatigantes para ela? Essa teoria descreve um fenômeno real, mas talvez peque no economicismo e acabe por flertar com uma forma de moralismo. Seguramente, o mercado hoje requer certo tipo de mão de obra de baixo custo e a satisfaz deslocando milhões de trabalhadores de uma parte a outra do mundo, enquanto as trajetórias formativas e profissionais da atual geração de vinte-trinta anos ocidental tomam uma direção oposta, com base nestas que parecem ser escolhas deliberadas e preferências subjetivas. Mas o problema da classe inadequada está nessa *subjetividade* socialmente construída que a aprisiona em escolhas disfuncionais. A teoria do desemprego voluntário não leva em conta essa variabilidade ideológica que mencionamos ao falar do caso de Leandro, o filho de Pantalone, em *Falência*, de Goldoni: a impossibilidade de *derrogar à própria classe de proveniência*.

A escolha voluntária para competir pelos melhores lugares e evitar os piores parece ser, para o membro da classe inadequada e para a família que o financia, a mais racional do ponto de vista individual. Trata-se de tentar evitar a todo custo a ameaça do desclassamento. A ficção científica distópica da última década — obras literárias, quadrinhos ou cinema, como *Battle Royale*, *Jogos Vorazes* ou *Divergente* — encarnou com perfeição as inquietudes de uma sociedade que sente que tem de escolher entre uma competição sem piedade pelos poucos melhores lugares e um destino miserável, com frequência descrito (mas isso ainda é ideologia) como pior do que a morte. Em suma, para quem dispõe dos recursos suficientes é mais racional prolongar os estudos universitários, aperfeiçoar um talento próprio ou acumular relações, do que ir colher tomates: desse modo, aumentarão as probabilidades de obter o sucesso no próprio campo, mesmo que depois de cinco, dez ou vinte anos vividos como «boa-vida», como no filme de Fellini. Personagem exemplar desse tipo de estratégia é Richard Katz, no romance *Liberdade*, de Jonathan Franzen: cantor num desconhecido grupo de rock até quase os quarenta anos, pulando entre vários «bicos» proverbiais, que de uma só vez se torna famoso e passa instantaneamente de fracassado a ídolo das massas.

O sucesso desse tipo de estratégia, retrospectivamente, amiúde lança uma luz sobre todo o acidentado percurso que o precede, criando uma espécie de ilusão teleológica, isto é, a impressão de que o destino já estivesse escrito. As escolhas mais loucas parecem de repente decisões corajosas, os desperdícios ganham o nome de investimento, e toda a biografia de quem conseguiu levar para casa o bilhete vencedor da loteria se torna uma parábola, com frequência também um modelo para muitos que procurarão imitá-lo. Mas essa transfiguração não acerta as contas com uma gigantesca falácia lógica chamada «viés do sobrevivente»: pois como Richard Katz não há só um, mas centenas, aliás, milhares. Milhares de aspirantes a cantor de rock que fizeram, todos, exatamente os mesmos trajetos, acreditaram em seu talento, esperaram por anos e, por fim, encontraram em suas mãos nada mais que pó. Só que não os conhecemos, ou melhor, os esquecemos: a história é escrita pelos sobreviventes, mas seu testemunho tem um valor estatístico quase nulo. A verdade é que ser bom no que faz, persistente, investir todo recurso, não serve para nada a partir do momento em que todos os outros fazem a mesma coisa: o triste destino de Lucien de Rubempré, em *Ilusões perdidas*, é um bom exemplo. Mas é óbvio que, por fim, quem tem sucesso tenderá a crer que o mereceu graças à sua bravura, tenacidade e loucura. Existe toda uma literatura «motivacional» a respeito disso, toda uma indústria da esperança.

Com efeito, a economia liberal como um todo funciona, hoje, com base nesse mal-entendido. A máquina simplesmente não giraria se não existisse a falácia do sobrevivente com suas promessas ao alcance de todos. A maior parte dos riscos que os empreendedores têm quando criam uma empresa são irracionais e excessivos, e, da mesma forma, também os da classe inadequada quando seus membros decidem encarar setores profissionais amplamente saturados com base em algumas vagas intuições sobre o próprio talento e determinação. A existência dessa falácia permite legitimar um «mercado dual», como se costuma dizer, constituído por segmentos com funcionamento radicalmente diferente: por um lado, um segmento (os *outsiders*) que funciona com contratos atípicos e níveis salariais muito baixos e um outro com contratos por tempo indeterminado e fortes proteções. Essa dualidade é reencontrada, por exemplo, na segmentação de gerações do mercado de trabalho, com uma maioria de «jovens», de um lado, e uma maioria de «velhos», de outro. Mas o que faz com que o primeiro segmento aceite condições tão diversas das do segundo? Ora, a esperança de ascender, cedo ou tarde, ao segmento protegido. E como surge essa esperança? Da falácia do sobrevivente, ou melhor, da narrativa segundo a qual quem é bom e determinado obtém o sucesso no fim.

Esse é o funcionamento da gangue que vende droga. O mecanismo foi ilustrado num capítulo de *Freakonomics*, brilhante exercício de divulgação escrito pelo economista Steven D. Levitt com o jornalista Stephen J. Dubner. O capítulo, intitulado «Por que os traficantes continuam morando com a mãe?», é, por sua vez, inspirado em um artigo de Levitt e do sociólogo Sudhir Venkatesh, o qual conduziu uma longa pesquisa etnográfica *no interior* de uma gangue de Chicago. Os autores mostram que o ganho médio por hora de um traficante de drogas é muito baixo, em torno de 3,30 dólares na época da pesquisa (2000), isto é, mais baixo do que o salário mínimo e com riscos infinitamente maiores que vão da prisão à morte violenta. Por que então empreender uma carreira como essa? Porque a perspectiva de chegar ao alto da hierarquia, ao posto de comando, justifica todo sacrifício: a ostentação de riqueza, o prestígio, a fortuna sexual do chefe e de seus primeiros subordinados são o grande prêmio prometido aos peixes pequenos. Em suma, todo o aparato do desperdício ostentatório que caracteriza a liturgia do mundo criminoso (ao menos no segmento de cima) tem como principal função servir de motivação e, desse modo, sustentar de maneira sólida a hierarquia (ao menos no segmento de baixo). Veblen é sobretudo um instrumento de poder.

Essa dualidade opera de modo similar no mundo do trabalho e particularmente em certos setores, como nos mercados culturais e na academia. Com efeito, lidamos com profissões particularmente atrativas para a classe média, carregadas de prestígio e também (em certo nível) muito gratificantes. Em 2013, o cientista político Alexandre Afonso publicou em seu blog um artigo que circulou muito, também graças a um título espetaculoso: «How Academia Resembles a Drug Gang», isto é, «De que modo o mundo universitário se assemelha a uma gangue de traficantes». Afonso parte do famoso capítulo de *Freakonomics* para chegar à conclusão de que, assim como uma gangue de Chicago, todo o sistema acadêmico é constituído por um minúsculo núcleo de trabalhadores protegidos e uma grande massa de precários que apenas sonham entrar na *sancta sanctorum* da carreira: segundo Afonso, «é a perspectiva do ganho futuro, mais do que as condições de trabalho atuais, seu principal incentivo». Como o rapper 50 Cent, seu mote é «Get rich or die trying» [fique rico ou morra tentando]. Em suma, a academia se baseia sobre a existência de uma oferta de «outsider» disposta a trabalhar sob tais condições «em troca da promessa da segurança, do prestígio, da liberdade e dos bons salários garantidos a quem consegue ingressar na carreira». Afonso analisa a evolução dessa tendência nos Estados Unidos e na Alemanha, e chega à seguinte conclusão:

O núcleo se restringe, a periferia se expande, e o núcleo depende cada vez mais da periferia. Em muitos países, as universidades confiam na crescente extensão de seu «exército industrial de reserva» de universitários que trabalham com contratos desvantajosos por meio desse particular sistema de incentivos.

Os salários dessa massa de pesquisadores comprometidos a investir em seu futuro, se calculamos todo o tempo efetivamente dedicado ao estudo, não são muito diferentes daqueles de um traficante de Chicago. Por isso, não são apenas os traficantes que ainda vivem com a mãe, mas também muitos jovens entre vinte e trinta anos da classe inadequada, a menos que tenham a sorte de receber alguma generosa subvenção familiar para sair de baixo das asas. Essa massa crescente dos «boas-vidas» que investem em seu futuro, todavia, constitui o principal obstáculo à realização profissional de cada um deles. Quando todos os agentes recorrem a essa estratégia e se configura um verdadeiro «dilema dos boas-vidas», uma «situação *lose-lose*» [de dupla perda] é produzida pelo jogo autodestrutivo das racionalidades individuais.

Como notava Boudon, «a concorrência por meio dos diplomas tem, para dizer como os especialistas de teoria dos jogos, a estrutura de um dilema do prisioneiro generalizado». Uma vez que todos fazem os sacrifícios necessários para se tornarem aprazíveis para o mercado de trabalho, são necessários sacrifícios cada vez maiores: retarda-se a entrada na vida ativa, paga-se por custosas formações, trabalha-se gratuitamente ou quase. Num recente ensaio sobre o mundo do trabalho publicado pela editora Mulino (*Permanecer classe média. A passagem à vida adulta na sociedade que muda*), para definir esse mecanismo se falava ainda de «eficiência da incerteza» com o objetivo de «regular as fases iniciais das carreiras profissionais dos *knowledge workers* [trabalhadores do conhecimento] destinadas a levar a um trabalho assalariado por tempo indeterminado»: santo otimismo. Na realidade, para todo estágio formativo se apresenta uma discriminação de riqueza, porque pouco a pouco é excluído quem não tem os recursos para prosseguir. Do mesmo modo, um jogador de pôquer com cartas ruins pode escolher entre sair e perder o automóvel que já apostou (minimizando o risco de perder mais) ou blefar e jogar a casa (esperando que os adversários saiam). Nesse último caso, o jogador deve estar seguro de que sua aposta seja bastante grande para surtir o efeito desejado. Mas é também compreensível que quem já perdeu na mesa o valor de um carro tenha alguma dificuldade para decidir sair do jogo. O dilema da classe inadequada está justamente no fato de ter já gastado, desde o nascimento até a idade adulta, uma cifra exorbitante para se reproduzir como classe. Chegada à idade adulta, a única estratégia vencedora que permanece consiste em limitar a perda. «Ir servir», como diria Leandro de *Falência*, de Goldoni, seria um desperdício; mas, por outro lado, continuar a investir faz correr o risco de levar à bancarrota.

Em 1977, Boudon escrevia que «o investimento escolar necessário para atingir qualquer nível na escala dos status socioprofissionais é mais elevado para todos hoje do em relação ao passado». A partir de então, as coisas pioraram. Como notava em 1997 um estudo da Cornell University com título profético, *Is An Oversupply of College Graduates Coming?*, «centenas de milhares de profissões que há um tempo não precisavam de nenhum tipo de graduação hoje são reservadas aos graduados porque os empregadores têm a vantagem do excesso de oferta».

Compreende-se que tal corrida para a preparação formativa, além de incapaz de produzir mobilidade social, obtém como único resultado a penalização dos estudantes mais pobres e a acentuação das diferenças sociais. Mas é toda a sociedade que desperdiça recursos nessa competição similar à que os teóricos militares alemães chamavam *Materialschlacht* e que nós chamamos *guerra de atrito*: isto é, uma «guerra de material» caracterizada por investimentos crescentes que fazem aumentar o custo do conflito e afetam a extensão do saque final. Segundo Ivan Illich, «a escalada escolar é tão deletéria quanto a escalada das armas», e, por isso, para descrever esse mecanismo perverso, falamos de Mútuo Desclassamento Assegurado, como nos tempos da guerra fria se falava de Mútua Destruição Assegurada. Uma corrida ao armamento formativo que não desencadeia nenhum apocalipse atômico, mas que enxuga os patrimônios e baixa o custo do trabalho.

Trata-se de um verdadeiro círculo vicioso porque, como ainda lembra Boudon, «o principal efeito do aumento da demanda por educação parece ser requerer do indivíduo uma escolarização de duração cada vez maior em troca de esperanças sociais que, por sua parte, permanecem imutáveis». Paradoxalmente, quanto mais a crise é aguda e mais se torna escassa a demanda de força de trabalho, mais aumenta a demanda por títulos, mais aumenta, como consequência, o custo da inserção profissional até atingir custos absurdos e proibitivos. Esse círculo vicioso tem consequências demográficas particularmente evidentes na Itália, onde a taxa de natalidade da classe média parece ter se adaptado ao crescimento econômico, ambos em desaceleração a partir da metade dos anos 1970. Não só os filhos nascem mais tarde, porque se entra mais tarde na vida ativa, mas, além disso, nascem menos filhos por causa do aumento exponencial da quantidade de capital inicial necessário para se manter na classe de proveniência. Ainda que não corra o risco de ser proletarizada, ainda que participe de modo eficaz da *Materialschlacht* formativa, a classe média apenas redimensionou a própria demografia. Esse ajuste, que contribuiu para adiar o processo de desclassamento, é uma forma de extinção *suave*. Numa economia que não cresce, mas que continua a cobrar caro pela posição social, essa é a única solução para sobreviver.

«Nenhum país», notava Illich, «pode ser tão rico a ponto de, apenas com sua existência, permitir-se um sistema escolar capaz de satisfazer a demanda que ele mesmo cria». Se não é possível desarmar esse perverso mecanismo, todavia, é porque ele também desenvolve um conjunto latente de funções políticas, sociais e econômicas com base nas quais todo o sistema funciona.

PENSAR COMO RICOS E VIVER COMO POBRES

Em *O crepúsculo dos ídolos*, Nietzsche trazia uma pergunta: «Qual é a tarefa de toda instrução superior?», e sua resposta lógica: «Fazer do homem uma máquina». No estudo «Education and Economic Growth: From the 19th to the 21st Century», solicitado pela Cisco Systems, em 2007, são elencadas de maneira crua, quase distópica, as principais finalidades econômicas do sistema escolar:

1. Transmitir e gerar competências sociais conforme o método industrial de produção e consumo.

2. Transmitir e gerar competências sociais conformes a uma vida urbana anônima, à condição de cidadania de massa e ao respeito pelo poder público.
3. Aumentar a população empregável no sistema industrial de produção e consumo com a finalidade de desenvolver a divisão do trabalho.
4. Otimizar a capacidade da sociedade de produzir, acumular, emendar e difundir o saber.

Essa síntese compensa a excessiva imprecisão que nos incomodou na leitura dos documentos da Unesco, e não há necessidade de ser desenvolvida. Entretanto, a escola e a universidade não se limitam a inculcar competências profissionais. Ivan Illich falava de três funções latentes desenvolvidas por sistemas escolares modernos além da instrução, ou melhor, do doutrinamento, da seleção e da custódia. De nossa parte, identificamos quatro funções que em parte recapitulam as de Illich: primeiro, impor o monopólio ideológico; segundo, justificar a ordem social; terceiro, estimular a economia; quarto, exercer um controle sobre as classes populares.

A primeira função do sistema educativo é impor o monopólio ideológico: trata-se de estabelecer as condições linguísticas e culturais para a convivência de um grupo social num território. Assim como Carlos Magno, que, para fundar o império, investiu recursos na instrução de seus súditos, os Estados-nação usaram a escola para formar seus cidadãos e ensiná-los a compreender e respeitar as leis, e a ONU concebe o direito ao estudo como fundamento de uma metassociedade mundial e de uma jurisdição transnacional útil à instalação de um único modo de produção global.

A segunda função do sistema educativo é justificar a ordem social. Essa função é tanto mais eficaz quanto mais precisa é a conversibilidade entre lucro escolar e sucesso profissional, em suma, quanto mais rigoroso e meritocrático é o sistema de seleção. Trata-se, por exemplo, do caso da França. Esse mecanismo produz a percepção de que a ordem social é *justa* porque remunera objetivamente as capacidades. Como consequência, quem está insatisfeito com a própria posição social só poderá considerá-la um fracasso pessoal: os boletins escolares, as notas no ensino médio, o calvário das «*classes préparatoires*» e o êxito nos concursos estão aí para disso lembrar, a todo instante, a sociedade. Aí não existem as infinitas e frágeis desculpas às quais pode recorrer o italiano, por definição incompreendido, uma vez que ninguém jamais o selecionou. O miserável deverá carregar a culpa consigo. Além disso, nas sociedades nas quais esse mecanismo funciona, o sistema não pode produzir mobilidade social: o lucro escolar permanece ligado às condições econômicas de proveniência, como mostrou Pierre Bourdieu nos anos 1960. Ao cidadão francês, a República finge ter dado todas as oportunidades, e, na verdade, lhe deu um belo pretexto para sentir-se culpado. A pátria da revolução é também uma das sociedades mais infelizes da terra, traumatizada pelo próprio sistema educativo-concentracionista falsamente igualitário.

Em *Desemprego intelectual e sistema escolar na Itália*, Barbagli falava de um «dilema seleção-socialização» que aflige o sistema educativo:

> Se ele dá demasiado peso à seleção, e, em consequência, tem-se uma estrutura interna fechada, corre-se o risco de não fazer ingressar um número suficientemente grande de jovens

por um número suficiente de anos, isto é, de não desenvolver de forma adequada a função de socialização política. Se, por outro lado, se dá muita importância à função de socialização e se apresenta, por esse motivo, com uma estrutura interna aberta, corre-se o risco de não desenvolver de maneira adequada a função de seleção e, portanto, de produzir um excesso de pessoal qualificado.

A terceira função do sistema educativo, justamente keynesiana, é estimular a economia: sobretudo, de modo direto, ao dar emprego aos funcionários encarregados do ensino, e então, de forma indireta, habituando os cidadãos ao consumo, se possível cultural. Segundo a análise de Boudon, trata-se de um mecanismo que em certa medida (isto é, enquanto não atinge o próprio limite estrutural) se retroalimenta: «O aumento da demanda por educação permitiu uma espetacular ampliação do corpo docente e, desse modo, o afluxo dos estudantes de Letras e Ciências pôde, por ora, ser mais ou menos absorvido» e depois em parte acomodado. Em suma, o sistema formativo é uma espécie de esquema Ponzi («esquema de pirâmide»), e isso de modo bastante evidente a partir do momento em que começa a se colocar a questão do «desemprego intelectual», graças aos estudos pioneiros de Alfred Rosier, doutor em direito, secretário do Bureau universitaire de statistiques (BUS — Escritório Universitário de Estatística) e membro da Confédération des travailleurs intellectuels (CTI — Confederação dos trabalhadores intelectuais). Num opúsculo publicado em Paris em 1934, *Du chômage intellectuel. De l'encombrement des professions libérales,* Rosier denuncia a existência de

[...] uma massa de intelectuais errantes, arrastados pelas circunstâncias mais variadas, prontos para abandonar sua especialização e, portanto, o fruto de tantos anos de estudo, uma massa que, alimentada continuamente por novos membros, pode formar um núcleo de indivíduos insatisfeitos dotados de uma influência particularmente ameaçadora.

O ativismo de Rosier inspirou o movimento estudantil de 1936 e todo um filão de estudos. A Sociedade das Nações dedica naquele mesmo ano, 1936, um relatório a esse problema, citando os relatórios do BUS e revelando que uma parte crescente da população não consegue usar os próprios diplomas no mercado de trabalho «por causa do número crescente de estudantes que em massa se inscrevem na universidade», fenômeno «estupefaciente» que contribui para o «terrível crescimento do desemprego entre os jovens». O relatório propõe, de forma explícita, como remédio o prolongamento da escolaridade e a criação de instituições culturais para dar trabalho aos intelectuais:

Não é evidente que, se o mundo seguir nesse caminho, os intelectuais encontrarão novas oportunidades de trabalho como diretores, administradores, controladores ou instrutores nessas novas instituições que serão criadas? De forma indireta: desenvolvendo o poder de compra dos consumidores em geral, o consumo de trabalho intelectual, em particular, terá um sucesso garantido.

O problema é que a escola se propõe a inculcar valores e hábitos da classe burguesa sem se preocupar com que estes possam entrar em conflito com os recursos materiais presentes e futuros dos estudantes: isto é, como diz Illich, ensina a «pensar como ricos e viver como pobres». Do mesmo modo, o duque Des Esseintes, em *Contracorrente*, de Huysmans, se diverte ao levar um jovem pobre ao bordel, a habituá-lo a vícios que não pode se permitir e, depois, abandoná-lo à sua condição para fazê-lo sofrer e transformá-lo num ladrão, ou, ainda, num assassino. No caso do sistema educacional, o objetivo é mais limitado: transformar o estudante em consumidor, que terá de poupar o menos possível com a finalidade de garantir para si um estilo de vida próximo daquele promovido pela escola e pela universidade. A guiar esse projeto formativo não está a crueldade, como no caso de Des Esseintes, mas um terrível otimismo. As estatísticas prometiam taxas de crescimento de dois dígitos, desindustrialização feliz e aburguesamento de massa: bastava, portanto, apenas uma pitada de suspensão da incredulidade para se convencer de que a cultura poderia substituir outras atividades econômicas. Até porque serão os imigrantes a pagar nossas aposentadorias...

A quarta função talvez seja a menos evidente, mas é fundamental: trata-se de uma função de controle social e demográfico das classes populares. A obrigação escolar tem o evidente efeito de retardar a entrada na vida ativa, fornecendo em troca um título de estudo inflacionado. Se esse título permanece todavia utilizável no mercado de trabalho é justamente porque ele se tornou uma condição mínima de seleção. Nesse contexto competitivo, convém ao indivíduo estudar até os dezesseis ou dezoito anos, apesar da elevada relação custo-oportunidade (ou seja, a diferença entre o resultado obtido e o resultado que teria sido possível obter empregando as próprias reservas de outro modo). Mas, no todo, o efeito é apenas o de elevar a régua das competências requeridas no mercado, inflacionar o valor da instrução e, portanto, penalizar a parte da população que efetivamente poderia extrair benefícios de tal investimento. Esse mecanismo leva assim a um empobrecimento relativo dos mais pobres, obrigados a gastar de forma inútil recursos na educação em vez de num projeto de emancipação familiar de longo prazo. Além disso, neutralizando as aspirações à independência que surgem na adolescência, esse mecanismo regula a sexualidade, retarda o casamento e, por isso, enfraquece o potencial demográfico das classes mais pobres.

Para analisar esse fenômeno, podemos observar o que acontece na França, caso exemplar da falência do sistema educativo no projeto de acompanhar os filhos de imigrantes no caminho da integração. Também aí, o paradoxo surge da vontade de submeter uma classe social a um sistema pensado para uma classe mais rica.

A instrução obrigatória é instituída na França em 1882, e fixada até os treze anos (onze em alguns casos). Depois vai a quatorze, em 1936, a dezesseis em 1959. Se, como a Unesco, considerarmos que esse progresso normativo é um movimento natural em direção à realização de um abstrato direito universal à escolarização, essa evolução não nos espantará. Mas seria mais realista reconhecer que a lei nada mais fez do que *se adaptar* à transformação do contexto socioeconômico e demográfico, aumentando a idade de escolarização para seguir a terciarização da economia num contexto de crescimento econômico. A sociedade francesa se aburguesava e a legislação seguia isso.

Mas, hoje, essa rápida expansão é apenas uma bela lembrança. É claro que uma transformação aconteceu e hoje uma parte da população simplesmente não dispõe dos recursos para participar do grande sonho progressista da *République*, uma «loteria obrigatória» (como escrevia Illich) e golpista para preparar os mais pobres para entrar numa sociedade senhoril de massa na qual nunca entrarão. Observando desse ponto de vista a situação francesa, a manutenção de uma idade de escolarização tão alta é aberrante, uma marca clara do descolamento entre a realidade abstrata *de iure* e a concreta *de facto*. A disfuncionalidade do sistema escolar nasce da vontade de impor também às classes mais pobres um sistema escolar pensado para a burguesia francesa, uma falha do sistema que também ajuda a explicar a «violência na periferia», que não tem nada de especificamente étnico, como gostaria a Frente Nacional, mas sobretudo parece ser o produto da mistura entre pobreza e força de trabalho *congelada*. O que o Estado francês tenta controlar é uma ameaça de tipo demográfico. Nesse sentido, a instrução obrigatória é sobretudo um sistema *contraceptivo* para as classes populares. Se a prole representa para o «proletário» a única riqueza, o único efeito da escolarização prolongada consiste em estocar essa riqueza. A escola obrigatória serve hoje para desencorajar sua emancipação e sua reprodução, verdadeira ameaça para uma classe média que, por sua vez, empobrece e se extingue.

GERAÇÃO BETAMAX

Karl Marx escreveu: «Toda a vida das sociedades modernas em que predominam as condições atuais de produção se apresenta como uma imensa acumulação de mercadorias». Fazem parte dessas mercadorias tanto as que são consumidas diretamente quanto as que, particulares, servem para produzir outras depois: no caso, fala-se de *capital*. Para produzir lucro ou ao menos repagar o gasto investido na produção, toda essa mercadoria e todo esse capital acumulados devem ser vendidos ou empregados de algum modo. Caso contrário, apresenta-se uma crise: crise de superprodução das mercadorias, mas, sobretudo, crise de *superacumulação* do capital.

Imaginem uma empresa que fabrica certo tipo de máquina prevendo uma demanda muito ampla. Trata-se de um gigantesco investimento, mas tão gigantesco quanto é o lucro esperado. Imaginem então que a previsão se revele completamente errada: a demanda contraiu e as máquinas não são vendidas. Imaginem então todas essas belas máquinas, agora já inúteis, abandonadas nas lojas. Ou não vendidas. Desmontadas. Destruídas.

Bem, agora imaginem ser uma dessas máquinas.

A geração de vinte-trinta anos da classe média ocidental, com seus diplomas e suas competências inflacionadas, talvez se reconheça nessa descrição que a vê no insólito papel de capital — *humano*, como se diz. A sociedade ocidental errou ao prever e planificar as competências que teriam sido úteis à sociedade a médio e longo prazo, e errou por causa de um efeito de composição entre as previsões dos indivíduos singulares. Todos acreditaram ser possível escalar ao mesmo tempo para obter os postos mais cobiçados, deixando o resto de seu trabalho aos imigrantes do Terceiro Mundo. Desse modo, a maior parte daqueles que tinham algum recurso investiu tudo no projeto de transformar-se na mais perfeita das máquinas inúteis. Simplificando, é como se toda família, suficientemente rica para se permitir isso, tivesse adquirido uma custosa máquina para imprimir dinheiro — trata-se, além do mais, do ponto central do programa dos movimentos soberanistas — apenas com o efeito de inflacionar o valor total das notas. Simplificando um pouco menos, diríamos que a superacumulação causou a *desvalorização* do capital. O capital, que antes gerava um lucro, começou a gerar menos lucro, ou até mesmo a deixar de gerar, ou, ainda, a gerar perdas. *Esse capital deve ser destruído.* O problema já havia sido colocado claramente, como mencionamos, na metade dos anos 1930 na França. Um professor de economia, André Liesse, havia denunciado os efeitos perversos da escola obrigatória e gratuita num artigo de 1938 («Inflation de parchemins. La crise des travailleurs intellectuels»):

> Os promotores dessas inovações não haviam previsto suas consequências, sobretudo muito custosas, e, além disso, graves: a formação de um proletariado intelectual, de diplomados que creem que seus títulos lhes darão certos direitos.

Como há um tempo na escola militar se estudavam as grandes batalhas para delas tirar ensinamentos, hoje nas *Business School* [Escolas de Negócios] os aspirantes a *manager* analisam sucessos e falências comerciais em forma de *exempla* edificantes. Aprendem assim que o mercado está em contínua transformação e que é necessário se transformar com ele: inovando, se necessário, mas sem comprometer a própria posição. Alguns desses casos já são comuns, em particular os negativos, chamados *brand failure*. Em tempos recentes, é o caso da Kodak, que menosprezou o impacto da fotografia digital e continuou a investir na película, adquirindo novos estabelecimentos até 2003. Mas quem merece estar no ápice do panteão das *brand failures* talvez seja a Betamax, o sistema de gravação em vídeo doméstico lançado pela Sony em 1975 e que naufragou no combate com o VHS.

A falência, ensina-se aos jovens ambiciosos, faz parte do jogo: um jogo darwinista que se chama mercado, no qual qualquer triunfo custa cem erros. Algumas empresas faliram e outras prosperaram, mas no todo o mecanismo é virtuoso: Joseph Schumpeter falava, por isso, de «destruição criadora». Mas o que acontece quando toda uma economia erra a direção, alocando os fatores produtivos em setores equivocados? O que acontece se, em vez de ser absorvido pela estatística, o erro resulta sistêmico? Talvez tenhamos a ocasião de descobrir nos próximos anos: uma vez que essa é nossa história, a história de uma «*civilization failure*» epocal, para parafrasear Schumpeter, como as trágicas decisões relatadas por Jared Diamond em *Colapso*. A história de uma economia que investiu numa miragem seus melhores recursos, contando com o enriquecimento *ex nihilo* de uma sociedade inteiramente convertida ao terciário avançado. A história de um sistema educativo que fabricou toda uma geração de máquinas inúteis, a geração Betamax.

Em 1942, Schumpeter, que defendia a superioridade do capitalismo sobre os outros sistemas econômicos, decidiu levar a sério a seguinte pergunta: «O capitalismo pode sobreviver?». Trata-se do título da segunda parte de sua última grande obra, *Capitalismo, socialismo e democracia*, e sua conclusão parece ser que o capitalismo está minado em seu interior não por uma contradição econômica, como creem os marxistas, mas por uma contradição social, ou melhor, pela hostilidade — ainda que irracional, segundo ele — que consegue catalisar sobre si. Em suma, o capitalismo está condenado a sucumbir por uma crise de legitimidade que seu próprio movimento produz e que, em seu cerne, tem a tendência estrutural à produção de *desemprego intelectual*, o qual alimenta o radicalismo político. O economista austríaco é consciente de que sua destruição criadora não é indolor, porque seu custo humano é altíssimo: por fim, «a insatisfação gera ressentimento». Mas, em última análise, caso reconheçamos que a insatisfação é produzida por uma escassez relativa de mercadorias-status, essa contradição não seria ela mesma econômica? Uma classe se constitui não apenas em sua relação com o capital, mas em ser ela mesma capital. À diferença do que antes era chamado «proletário», porque não possuía nada a não ser a própria prole, o membro da classe média dispõe de um excesso de capital que lhe é absolutamente necessário para se reproduzir e se manter dentro da classe da qual provém. Esse investimento reprodutivo se chama «formação» e inclui a educação escolar e universitária, a aprendizagem de códigos e linguagens, a construção de uma rede de trabalho. Se não investe capital suficiente, a classe média — num contexto de crise econômica latente que dura desde os fins dos anos 1960 — condena os próprios filhos ao desclassamento. Mas o custo dessa reprodução é cada vez mais elevado e menos rentável por causa da escalada formativa: elevado porque aumentam os anos de estudos requeridos, menos rentável porque a crescente concorrência no mercado de trabalho deteriora as condições contratuais. Diante desse custo, a demografia da classe média se adapta em função das próprias possibilidades — ou seja, desaparece, extingue-se. E assim também cai a demanda por bens burgueses, e também o valor dos membros da classe como capital etc. A coisa mais absurda que uma sociedade pode fazer, nesse sentido, é apostar tudo o que lhe resta na monocultura do terciário e dos consumos de posição. E assim o fez! Formou os próprios filhos para fazer coisas refinadíssimas e os educou para consumi-las. Parecia a invenção do moto contínuo, a grandiosa abolição do trabalho. Mas era apenas um sonho. Agora milhões de máquinas estão acordando.

Muitos sustentam que o Betamax era um formato melhor do que o VHS, mas isso não foi o suficiente. Que fim levaram aqueles velhos aparelhos? Os mais sortudos são hoje vendidos na internet como objetos de antiquário, testemunhas de uma época cheia de otimismo, outros foram desmontados e reciclados, tornando-se máquinas mais úteis: bipam, aquecem e mexem. Envolvidos em tarefas triviais, não deixam de repetir *indignados*: «Sou um Betamax, o que faço aqui?». Alguns se reúnem para ocupar mesas de cabeceira e experimentar experiências de democracia real. Todos se lembram com melancolia dos belíssimos anos em que de fato parecia que os Betamax iriam conquistar o mundo.

6. O TEMPO DA ANOMIA

> *Certa vez — no passado ou no futuro, pouco importa — este mundo tão vasto havia acumulado tanta quinquilharia barata, que os habitantes decidiram se livrar delas com uma fogueira universal.*
>
> Nathaniel Hawthorne, «O holocausto da Terra»

EUTANÁSIA DE UMA CLASSE SOCIAL

Uma manhã, ao acordar de sonhos inquietos, percebi ter me transformado num enorme dodô. Deitado na cama sobre minhas costas plumadas, comecei a refletir sobre como isso pôde acontecer. De noite, ainda era um esplêndido exemplar de ser humano, culto e refinado, e, de uma só vez, me tornei uma espécie de frangão em vias de extinção. Será que foi algo que comi? Talvez a gostosa *frittatina* da noite anterior? Querendo respirar um pouco de ar, abri a janela; e, assim, me dei conta de que a situação era mais séria do que eu pensava. Na rua estavam centenas, milhares, milhões de dodôs.

Franz Kafka me perdoará por essa paródia do início de sua «Metamorfose»: reencontraremos o grande escritor boêmio nas últimas páginas deste livro. O dodô próximo da extinção é uma encarnação perfeita da classe inadequada, como a barata em que se transformou Gregor Samsa. Com efeito, no momento em que deve acertar as contas com a própria condição de excesso — e fracassa na apropriação da cota de riqueza que serviria a suas necessidades —, a classe reage de vários modos com o intuito de regular a própria população. Modos racionais ou inconscientes, dos mais indolores aos mais terríveis. Mas o resultado é sempre o mesmo: uma redução do número de membros no interior da classe para adaptar o centro ao afluxo de recursos produzidos pela periferia. Seus membros podem simplesmente proletarizar-se e, desse modo, sair da classe, ou deixar de se reproduzir para reduzir a população, ou, ainda, emigrar para onde haja um espaço econômico adaptado a suas aspirações e competências, em particular se existe um risco de perseguição política; uma pequena parte deles escolherá o suicídio, subtraindo-se de um mundo em que se sentem como que em excesso, outros levarão seu ressentimento até recorrer à violência política contra aqueles que consideram os responsáveis por sua condição; e, por fim, nos casos históricos mais extremos, a superpopulação relativa da classe consumidora produziu conflitos entre grupos étnicos e guerras entre nações. Cada um desses casos merece um breve comentário num crescendo de catástrofes que acompanharam, em diversos contextos, a crise da classe consumidora.

1. A ameaça do desclassamento

Nas páginas precedentes descrevemos as estratégias frenéticas de investimento de ostentação por meio das quais os membros da classe inadequada procuram evitar a todo custo aquela que para eles se apresenta como a mais terrível das ameaças, «um mal bem real», como o definiu Malthus, ou seja, o desclassamento. Todavia, isso acontece todos os dias: em todas as partes do Ocidente desenvolvido a classe média desmorona e se restringe. O movimento de mobilidade descendente da classe média pode tomar principalmente quatro formas: a primeira é a simples erosão da renda diante da diferença entre o nível salarial e a explosão do gasto de posição; a segunda é a expiração da posição socioprofissional que define a condição do trabalhador superqualificado; a terceira é a perda do trabalho, isto é, a incapacidade de encontrar uma fonte de renda que possa subsidiar as próprias necessidades; a quarta é a ruína financeira, que por exemplo afeta os empreendedores quando vão à falência.

É possível notar, além disso, que a experiência do desclassamento não implica necessariamente um «salto para trás» em relação à própria condição familiar de partida, mas também apenas um passo para trás em relação às expectativas induzidas pelo sistema educacional ou pelo livre mercado. Joseph Brodsky relatou, em *Fuga de Bizâncio*, seu mal-estar de poeta não reconhecido pela sociedade e a necessidade dolorosa da *adaptação* às condições materiais da existência:

> Uma preferência instintiva nos leva a ler mais do que a agir. Nada de estranho se então nossa vida prática foi mais ou menos uma zona. Também aqueles dentre nós que conseguiram trilhar um caminho nas intrincadas selvas da «educação superior», com todas as inevitáveis genuflexões — e também entrega de outros órgãos — ao sistema, foram por fim vítimas de escrúpulos impostos pela literatura e não puderam mais resistir. Acabamos por nos adaptar a estranhos trabalhos, servis ou pseudoculturais — ou algo banal, como esculpir inscrições em tumbas, trabalhar numa mesa de desenho, traduzir textos técnicos, organizar livros contábeis, revisar livros, fazer radiografias.

Por sua vez, o escritor Denis de Rougemont se deu conta de seu período de desempregado na França dos anos 1930 no *Journal d'un intellectuel en chômage*. Documentando suas tentativas de integrar-se com as pessoas comuns, Rougemont observa o modo como «o desemprego *desclassa* o intelectual», ou seja:

> Coloca-o no mesmo nível paradoxal dos homens que o circundam. Tira dele os signos exteriores de seu status, desse habitus burguês que, infelizmente, ainda hoje é a marca do intelectual.

A condição do intelectual é apenas um ponto de vista na questão mais ampla da classe inadequada, que pode ser encarnada por figuras de outro gênero. Quem melhor que John Rambo, por exemplo, exprimiu a raiva feroz de quem não encontra o lugar que lhe fora permitido na sociedade? No célebre filme de 1982, dirigido por Ted Kotcheff, depois de incendiar toda uma cidade, o personagem interpretado por Sylvester Stallone consegue formular um monólogo para seu mal-estar. Veterano da guerra do Vietnã, Rambo descobre que as regras da vida civil são diferentes e inadequadas para ele: «Lá, eu pilotava os helicópteros, guiava um carro armado, era responsável por equipamentos que valem milhões. Aqui, não consigo nem mesmo encontrar um trabalho de manobrista». Na prática, o destino de um pesquisador de física que volta a viver na Itália.

A divisão industrial do trabalho, que hoje é chamada «automação», reduz progressivamente o número de sujeitos necessários para obter o mesmo *output* produtivo e com frequência piora as condições de trabalho. O mercado de trabalho acentua sua natureza dual, com, por um lado, a massa de «trabalhos de merda» que todos querem evitar e, por outro, algumas posições de prestígio a que podem ascender pouquíssimos depois de muito investimento. Para acompanhar o funcionamento das máquinas é preciso aquela que é chamada de «inteligência artificial», uma massa de homens que desenvolvem *tarefas que as máquinas não querem fazer*. A profecia de Günther Anders sobre a obsolescência dos homens parece realizar-se de forma progressiva graças ao progresso da logística e dos *computer business systems* [sistemas de negócios computadorizados]. No esforço redobrado dessa classe, comprimida pela divisão do trabalho, repousa o bem-estar de toda a sociedade e o aprovisionamento não apenas dos recursos úteis para a sobrevivência como também, e sobretudo, daqueles necessários para os outros competirem.

Empobrecimento, mal-estar profissional, desemprego e falência são quatro ameaças que pesam sobre a classe média. A simples possibilidade do desclassamento orienta as condutas, com frequência de modo contraditório: não podendo se permitir empobrecer, aceitará um trabalho mais simples; para desviar de um trabalho demasiado modesto preferirá o desemprego; para evitar o desemprego «inventará para si um trabalho», investindo todas suas posses numa aposta empreendedora arriscada. De todo modo, por sorte, a aposta se revelará vencedora; da mesma forma, o «trabalho simples» às vezes se desdobrará em algo mais valorizador e, ao final de um breve período de desemprego, alguns encontrarão finalmente a oferta justa. Ainda assim, tudo isso não basta e jamais bastará para satisfazer as expectativas de todos os membros da classe inadequada. Por causa dos limites sociais do desenvolvimento, o acesso ao status só pode ser desigual. Uma sociedade em forte expansão se consola sabendo que existem pelo menos infinitas oportunidades e um *turnover* social relativamente rápido, enquanto numa economia em colapso o que falta é sobretudo a esperança. Seu motor principal nesse ponto se torna o *medo*, do qual segue uma série de possíveis reações. A primeira é demográfica.

2. Planificação familiar e transmissão do patrimônio

Nos *Manuscritos econômico-filosóficos de 1844*, de Karl Marx, aparece uma afirmação de tom peremptório, que na maior parte das edições é impressa em itálico: «a procura por homens regula necessariamente a produção de homens assim como de qualquer outra mercadoria». O filósofo de Tréveris a desenvolve de modo sobretudo pessimista, elaborando as reflexões de seu mestre Hegel sobre as condições terríveis da plebe nos tempos da Revolução Industrial:

> Se a oferta é muito maior do que a procura, então uma parte dos trabalhadores cai na situação de miséria ou na morte pela fome. A existência do trabalhador é, portanto, reduzida à condição de existência de qualquer outra mercadoria. O trabalhador tornou-se uma mercadoria e é uma sorte para ele conseguir chegar ao homem que se interesse por ele. E a procura, da qual a vida do trabalhador depende, depende do capricho do rico e capitalista.

Mas a frase em itálico, com frequência atribuída a Marx, é na realidade um plágio involuntário ou, mais precisamente, uma citação, que muitas edições não tomam o cuidado de atribuir com correção. A frase aparece exatamente da mesma forma em *Riqueza das nações*, de Adam Smith, pouco mais de meio século antes: «A procura por homens regula necessariamente a produção de homens assim como de qualquer outra mercadoria». Aqui, a frase soa menos como uma denúncia da reificação do homem reduzido a mercadoria e mais como uma constatação de certo equilíbrio demográfico que regula as populações. Mas, ainda que mudando o tom, Marx e Smith notam a mesma coisa, isto é, poderíamos dizer, o primeiro e mais evidente dentre os efeitos biopolíticos do desenvolvimento capitalista.

Desde a metade dos anos 1970, a queda da taxa de fecundidade nos países desenvolvidos é causa de uma grave crise demográfica; apenas em parte compensada, a partir dos anos 1990, pelas taxas muito mais vigorosas da população imigrada na qual se confia para financiar o sistema previdenciário das gerações futuras. Essa «demografia em duas velocidades», particularmente acentuada na Itália, pode ser interpretada de vários modos. Os mais fantasiosos falam de uma guerra demográfica planificada e desencadeada pelo mundo muçulmano contra o Ocidente cristão ou iluminista: é a teoria da Eurábia popularizada por Oriana Fallaci. Entretanto, ao chamar a atenção para questões étnicas, a paranoia ocidentalista mascara sobretudo a verdadeira anomalia, isto é, a taxa de fecundidade muito inferior ao limiar de substituição. E mascara, além disso, as razões estruturais dessa anomalia, que de «étnica» não tem nada. Se efetivamente o destino que nos espera é a extinção, essa extinção não nos espera como nação, povo ou raça, mas como classe.

De modo contrário àqueles que não possuem nenhuma riqueza e assim não devem transmiti-la, a classe média tem na prole a mais admirável ameaça ao próprio patrimônio. A taxa de fecundidade, com efeito, nada mais é do que o *coeficiente divisor do capital* na mudança de geração. Uma taxa de fecundidade de três filhos por casal significa que o patrimônio dos genitores será dividido em três partes — um pouco como o império carolíngio quando da morte de Ludovico o Pio. E uma taxa de fecundidade de cinco, dez, vinte? Uma divisão excessiva arrastaria os herdeiros para fora de sua classe de proveniência: os filhos do rei se tornariam escravos, e os filhos dos burgueses... proletários. Mas isso, já vimos com Leandro e Pantalone, não é aceitável.

O herdeiro burguês, para se manter na própria classe, tem necessidade de certo capital inicial; e, portanto, é necessário que a cota obtida pela divisão do capital a cada troca de geração não seja inferior a essa soma. Mas a classe inadequada tem dois problemas específicos: o primeiro é que esse custo de reprodução social tende a aumentar por causa da luta pelo status no interior da classe; o segundo é que os recursos disponíveis das famílias da classe média tendem a diminuir junto com a renda média. Assim, naturalmente as taxas de fecundidade se alinham e se adaptam, e a variável sobre a qual se alinham é o crescimento econômico: sem recursos para reinvestir, a classe média não pode reproduzir-se como classe.

As classes populares, não tendo patrimônio para dividir e reinvestir, são menos dependentes dessas preocupações: é a burguesia que não se reproduz, e para fazê-lo tem necessidade de incentivos. Alguns filhos são mais custosos que outros, é tudo. Os custos-oportunidades que se gastam para ter filhos são muito diversos e impossíveis de pagar para uma classe semi-inadequada que teme, acima de todas as coisas, o desclassamento. Com o intuito de continuar a viver como pequenos ou médios burgueses, e a consumir mais do que produzimos, simplesmente nos reduzimos pela metade. Cada geração segue com mais determinação o movimento de desaceleração demográfica, baixando o número médio de filhos por casal ou retardando o nascimento do primeiro filho. Agora que seria a hora de a geração Y, isto é, os nascidos entre 1978 e 1999, ter filhos, há uma protelação à espera de acumular capital suficiente para assegurar aos herdeiros uma vida digna, ou melhor, o «estritamente necessário» (muito relativo) para sobreviver dentro de sua classe de proveniência. E, se não conseguimos, então é melhor que não nasçam: pouparemos um sofrimento inútil.

3. Depressão e suicídio

O mal-estar é uma doença social que tem todos os sintomas da depressão, mas não pode ser curado com remédios: porque o mal está no mundo, na maneira como diverge de nossas expectativas. Mas mudar o mundo já soa como algo além de nossas possibilidades e modificar nossa expectativa é, se possível, até mais difícil. Segundo Franco «Bifo» Berardi, que, em 2014, dedicou ao fenômeno seu *Heroes*, «Uma epidemia de suicídio se espraiou no planeta, porque há décadas se colocou em funcionamento uma fábrica de infelicidade da qual parece ser impossível fugir». Bifo se concentra na massa de indivíduos insatisfeitos produzida pelas sociedades desenvolvidas e se pergunta: «Quantos são os desgraçados do mundo?». Isto é, quantos são os indivíduos prontos para explodir, tirar a própria vida ou a vida de outros, como os vários assassinos de massa que surgiram nas crônicas nas últimas décadas? Sua conclusão é apocalíptica e desesperada.

Os dados de fato não parecem nos autorizar a falar de uma epidemia, ainda que a imprensa adore ressaltar casos específicos de suicídio causados pelo desemprego ou pela crise financeira, assumindo, aliás, a responsabilidade de produzir algumas emulações. As taxas de suicídio nos países ocidentais são estáveis e têm seu pico nos idosos — que graças ao progresso da medicina são cada vez mais numerosos e mais velhos, e também cada vez mais solitários e desesperados. E se na faixa abaixo de quarenta anos o suicídio representa uma das primeiras causas de morte é sobretudo porque muito poucas outras causas ameaçam os indivíduos jovens. Na Itália existe um «Observatório sobre os suicídios por motivações econômicas» que contou 628 mortos entre 2012 e 2015, dos quais quase a metade era de empreendedores: uma cifra certamente impressionante, mas que representa menos de 5% do total de suicídios no mesmo período, provavelmente menos do que os suicídios por amor. Parece ser evidente que para uma amostra tão limitada, para não falar da evidente dificuldade de atribuir uma causa unívoca, é de todo impossível extrair conclusões.

Feita essa necessária especificação, o suicídio permanece, é óbvio, uma dentre as várias reações ao mal-estar da classe média. Se acreditamos no relatório publicado pela World Psychiatric Association em 2011, a incidência do suicídio aumenta nos casos de desempregados ou endividados. A Geração Y é particularmente afetada pela desocupação e, em certos países, se encontra afogada em dívidas contraídas para financiar os próprios estudos. Segundo um estudo da Bensinger, DuPont & Associates, em 2015 20% da população estadunidense nascida entre 1978 e 1999 sofria de depressão, ou seja, uma taxa quatro pontos mais alta em relação à geração precedente. Em suma, como sintetizava a revista *Psychology Today*, «Os *Millennials* se caracterizam pelo mais alto nível de ansiedade, estresse, depressão de qualquer outra geração na mesma idade».

O autor que melhor soube descrever essa ligação entre economia e depressão foi o inglês Mark Fisher, numa série de livros e intervenções que interrogam as grandes questões políticas do ponto de vista de um homem que as vivia em sua própria pele, e que acabou quase logicamente por se matar em 2017. Fisher formulou com detalhes a condição do «bom para nada» produzida pelo conflito entre os imperativos sociais de sucesso e a realidade das relações econômicas. Num artigo intitulado «Good for Nothing», o autor narrava a história de sua depressão traçando um breve perfil biográfico no qual pode se reconhecer uma boa faixa da classe inadequada:

> Por volta dos vinte anos, entrei numa deriva entre estudos de pós-graduação, períodos de desemprego e trabalhos temporários. Não sentia pertencer a nenhum desses papéis e contextos — nem aos estudos de pós-graduação, porque me sentia um diletante que de algum modo simulava a possibilidade de seguir essa estrada, não era um estudioso à altura da tarefa; nem ao status de desempregado, porque não era realmente desempregado, daqueles honestamente à procura de trabalho, mas, antes, um preguiçoso; nem às ocupações temporárias, porque sentia fazê-las como um incompetente, e, em todo caso, também não pertencia a esses trabalho de escritório ou de fábrica, não porque me sentia «superior» a eles, mas — pelo contrário — porque era excessivamente educado e inútil, e porque roubava o trabalho de alguém que tinha mais necessidade e precisava mais dele do que eu.

Esse sentimento de inutilidade cada vez mais difuso seria, segundo o autor inglês, o efeito colateral da retórica do «realismo capitalista» (título de seu livro de 2009), segundo o qual «não existe alternativa» à austeridade. O mal-estar de Fisher e de toda a classe inadequada surge da incapacidade de conceber algo diferente da crise permanente do capitalismo, que descrevemos no segundo capítulo deste livro: o socialismo, que havia fornecido às gerações precedentes alguma esperança de emancipação, foi logo desmascarado como apenas outra forma de capitalismo. A civilização industrial parece não ter outro destino além da crescente divisão do trabalho e da consequente «burocratização do mundo», profetizada por Bruno Rizzi em seu panfleto homônimo de 1939. Os efeitos são exatamente os descritos por Fisher: uma depressão coletiva que pode ter apenas uma solução política. Mas ninguém consegue imaginá-la.

4. Perseguição e detenção

A maior parte dos Estados modernos tenta planificar o acesso às profissões nas quais poderia haver um problema de superpopulação relativa por meio de sistemas de títulos e licenças. No Ocidente liberal, todavia, considerou-se que o preço da liberdade de expressão e de emancipação cultural era garantir um livre acesso às disciplinas humanísticas independentemente das perspectivas profissionais que abrem.

De modo totalmente contrário, na União Soviética existia uma lei «contra o parasitismo social» que punia quem permanecia sem trabalho por mais de seis meses e servia, sobretudo, para punir quem desenvolvia atividades consideradas improdutivas segundo os critérios da contabilidade marxista-leninista. Os intelectuais podiam trabalhar apenas se inscritos na União dos escritores, que emitia uma qualificação oficial de literato e os retribuía. Caso contrário, sobretudo se geravam suspeita no Partido, os escritores corriam o risco de ser condenados a trabalhos forçados, como aconteceu, por exemplo, com Mandelstam, Charms e Brodsky. Seguramente o dispositivo serviu para controlar a produção cultural, mas, de forma mais profunda, tratava-se de penalizar o trabalho improdutivo porque este não era um recurso para o sistema socialista, mas uma ameaça. Na economia planificada, não há nenhuma mais-valia a realizar, nenhuma superprodução para recobrir: há apenas recursos (limitados) a dividir. Não há lugar para a classe consumidora.

Os autos do processo de Brodsky, em 1964, são um documento excepcional porque mostram uma concepção de trabalho cultural radicalmente diferente da nossa. O juiz usa como argumento o fato de Brodsky ter mudado de emprego treze vezes — um ano na fábrica e seis meses sem trabalhar, e então partiu para uma expedição geológica e quatro meses sem trabalhar etc. —, em suma, teria acumulado os famosos «bicos», como aqueles que os estudantes fazem com o intuito de postergar o máximo possível o ingresso na vida ativa. No momento em que o juiz pergunta a Brodsky: «Quem te reconheceu como poeta? Quem te arrolou no rol dos poetas?», compreende-se que, mais do que um simples processo, estamos diante de um conflito sobre o status sonhado por todo membro da classe inadequada.

5. Revoltas e revoluções

Em 1668, com a comédia-balé *George Dandin*, Molière colocava em cena a grotesca situação de um camponês comandado por sua mulher aristocrática, por seus amantes tão aristocratas quanto e, até mesmo, por seus genitores, Senhor e Senhora

Sotenville. A traição de que Dandin é vítima mostra-se evidentemente como uma metáfora do parasitismo da nobreza às expensas das classes produtoras. Se a comédia acaba mau para o pobre camponês humilhado, o final feliz chegará um século mais tarde. A Revolução Francesa aniquilará de forma substancial a classe parasitária e permitirá ao Terceiro Estado colocar as mãos no excesso e redistribuí-lo em seu interior de maneira menos desigual.

Essa Revolução marcou a ascensão da burguesia, mas contra quem pode se voltar uma classe em declínio que paga a própria incapacidade de produzir e acumular um excesso? Onde irá procurar os recursos de que tem necessidade para nutrir a própria sede de consumos ostentatórios? Esse é o dilema da classe inadequada; a situação não é nova. Como escrevia Marzio Barbagli, em *Desemprego intelectual e sistema escolar na Itália*:

> O excesso de oferta de graduados e de diplomados sobre a procura, que [...] foi uma característica endêmica da sociedade italiana de 1880 até hoje, com frequência colocou os intelectuais numa situação de desequilíbrio de status, de incongruência entre o título de estudo obtido e a ocupação, o nível de renda e de prestígio que as normas sociais vigentes naquele momento consideravam a ele correspondente.

Diante dessa «situação de mobilidade ascendente parcialmente bloqueada ou de mobilidade descendente parcial», a classe tende a representar um perigo para a ordem social estável. Com efeito, o desequilíbrio, segundo Barbagli, «produziu uma forte radicalização política dos estratos intelectuais», tanto à esquerda, nos anos de estagnação ou desenvolvimento moderado (fim dos anos 1960), quanto à direita, nas fases de crise econômica (anos do fascismo), com efeitos muito distintos. Se durante o *boom* depois da segunda guerra mundial as reivindicações da classe média instruída foram parcialmente satisfeitas por meio do estímulo, com o gasto público, da demanda por pessoal qualificado — nas universidades, por exemplo —, era impossível adotar medidas parecidas em plena crise depois da primeira guerra mundial. Assim, o caminho para um feroz ressentimento da classe inadequada foi deixado livre, e o êxito foi a «revolução burguesa» chamada fascismo que acelerou o processo de destruição.

6. A fuga de cérebros

A cada ano, 3 mil italianos deixam a Itália e muitos deles encontram um modo de se colocar no mundo universitário ou nas indústrias criativas na França, na Alemanha ou no Reino Unido, aproveitando-se da combinação de dois fatores: alto nível de formação e pretensões salariais modestas. Essa concorrência desleal é talvez aquilo em que o sistema universitário italiano é excelente, mas a proverbial «fuga de cérebros» permanece um fenômeno relativamente contido, que, por ora, incide apenas marginalmente sobre a população da classe inadequada. Aliás, não existe hoje no mundo um destino que possa absorver de modo satisfatório centenas de milhares de aspirantes trabalhadores do terciário avançado. Totalmente diversa foi a dimensão tomada por uma das mais imponentes fugas do século XX, a dos muitos europeus para os Estados Unidos.

Sempre causa certa impressão quando se elencam os nomes dos grandes austríacos e alemães da primeira metade do século passado e se mensura a prosperidade cultural daquele mundo que produziu — às vezes colaborando, porém mais frequentemente sofrendo — o horror nazista. Um exército de diretores de cinema, pintores, escritores, dramaturgos, poetas, juristas, filósofos, historiadores, sociólogos, teólogos, músicos, economistas e cientistas: uma concentração de excelência talvez jamais vista em toda a história da humanidade, de Fritz Lang a Ernst Lubitsch, de Kurt Schwitters a Otto Dix, de Thomas Mann a Robert Musil, de Bertolt Brecht a Gottfried Benn, de Ludwig Wittgenstein a Theodor Adorno, de Hans Kelsen a Hannah Arendt, de Erich Auerbach a Martin Buber, de Gershom Scholem a Karl Barth, de Richard Strauss a Schönberg, de Wernher von Braun a Albert Einstein, de Joseph Schumpeter a Friedrich von Hayek etc. Dentre estes, contamos com alguns suicidas, mas, sobretudo, diversos emigrados que encontraram nos Estados Unidos da América (mas também em Israel ou no Reino Unido) uma terra adotiva.

Em vez de nos perguntarmos como foi possível que uma civilização tão refinada tenha produzido o nazismo, temos de nos perguntar se tal abundância de capital cultural não é o sintoma desse desequilíbrio que movimentou o mecanismo infernal do Terceiro Reich. Não apenas porque, de forma banal, alguns grandes pensadores, com o ímpeto de sua especulação ousadíssima, acabaram por se convencer de que aquela nova ideologia mortífera merecia ser sustentada — pensamos em Martin Heidegger e Carl Schmitt —, mas, de forma mais geral, porque diante de uma classe intelectual supranumerária o corpo social acaba por encontrar um modo de expelir os indivíduos em excesso, daquela maneira de se regular bárbara e animalesca que têm os organismos coletivos. E os expulsou, com efeito: alguns sendo perseguidos até a morte nos campos (como o pintor Felix Nussbaum e a mística Edith Stein), outros sendo incitados ao suicídio (como

Stefan Zweig e Walter Benjamin), e muitos outros sendo lançados ao exílio.

Mas a fuga tinha começado bem antes da ascensão de Hitler, e isso diz respeito também a muitos não judeus. O verdadeiro pico de desembarque na América é entre 1880 e 1890 para os alemães e depois da primeira guerra mundial para os austríacos. O que chamava as grandes massas era a oferta de trabalho e, para os intelectuais, pesavam — mais do que as ameaças concretas à incolumidade, que começaram a ficar evidentes apenas depois de 1933 — as oportunidades econômicas e profissionais oferecidas pelos centros de pesquisa ou dos estúdios do além-mar diante do declínio do continente europeu, já profundamente sentido. Isso é evidente para o cinema: o vienense Erich von Stroheim desembarcou na Ellis Island em 1909, enquanto o primeiro filme do berlinense Lubitsch é de 1922. Também as prestigiosas universidades inglesas atraíam os intelectuais: Wittgenstein chegou em Cambridge em 1911, Hayek em Londres em 1931. Os impérios austro-húngaro e alemão em dissolução acabaram nutrindo os novos centros da economia mundial.

Absorvendo uma parte da classe inadequada europeia no interior de uma economia dinâmica capaz de financiá-la, os Estados Unidos se apropriaram de um patrimônio incomensurável de talentos que participaram de seu desenvolvimento industrial, militar, artístico e geralmente cultural pelas décadas seguintes. O crítico Allan Bloom tira as seguintes conclusões disso: «É algo extraordinário que o debate intelectual que marcou o ápice da cultura ocidental seja hoje difundido como chicletes pelas ruas dos Estados Unidos».

7. A máquina do extermínio

A competição interna à classe consumidora pode tomar, se possível, formas ainda mais trágicas, como mostrou a história europeia dos anos 1930 e 1940. Todo um povo, os judeus, é individualizado como «parte maldita» a ser sacrificada no momento em que o corpo social toma consciência do problema da superpopulação relativa. É nisso que consistia, essencialmente, o projeto hitlerista. Trata-se de uma teoria controversa, como se diz, mas que merece ser mencionada aqui.

Em 1960 aparece em *Programme Communiste*, revista francesa ligada aos ambientes bordiguistas, um pequeno texto destinado a causar muito barulho. Com frequência atribuído ao próprio Amadeo Bordiga, ex-dirigente do PCI que por certo não o renegaria, o texto é perturbador desde o título: «Auschwitz ou os grandes álibis». O conteúdo não é para menos: propondo uma análise econômica das causas que levaram à *Shoah*, o anônimo redator parece quase querer absolver os nazistas de sua responsabilidade direta no extermínio de 6 milhões de judeus. É óbvio que a existência de um determinismo econômico por trás da ascensão do fascismo não exclui, de algum modo, sua condenação. Aliás, justamente uma sólida cultura antifascista, a mesma que os bordiguistas definiam «álibi», pode servir para evitar que uma crise de superpopulação relativa desemboque num gigantesco projeto de extermínio. A estéril batalha de Bordiga contra o antifascismo, acusado de ocultar as culpas do capitalismo, teve como único efeito marginalizar o movimento e suas ideias.

Por trás da estéril polêmica, o texto descreve um verdadeiro holocausto ritual — termo que, ademais, foi progressivamente apagado do vocabulário porque parece sugerir a ideia de um sacrifício ou de uma oferta a Deus, e, em suma, contribui a *desresponsabilizar* os carrascos. Segundo o anônimo redator, foram a pequena e a média burguesia alemã a sofrer mais com a crise dos anos 1930:

> A situação era tal que os pequeno-burgueses arruinados, falidos, expropriados, liquidados, não podiam nem mesmo acabar no proletariado, este também duramente abalado pelo desemprego (7 milhões de desempregados no ápice da crise): eles caíam assim diretamente na condição de miseráveis, condenados a morrer de fome assim que exauridas suas reservas.

E é assim, portanto, que a pequena e a média burguesia empobrecidas teriam «inventado» o antissemitismo, para concentrar e catalisar as próprias desgraças sobre um grupo social específico:

> Às horríveis pressões econômicas e à ameaça de destruição que tornavam incerta a existência de cada um de seus membros, a pequena burguesia reagia sacrificando uma de suas partes, esperando assim salvar e assegurar a existência de outras.

A retórica do anônimo bordiguista pode soar — e de fato soou — como uma espécie de justificação da pequena burguesia nazista. Se é esse o sentido do artigo, é fácil rebatê-lo dizendo que o determinismo econômico não limpa as responsabilidades: nem as penais, nem as históricas. Mas, por outro lado, a condenação das responsabilidades não basta para nos desviar dos exames de causa e efeito que poderiam novamente surgir. Classe historicamente condenada, a burguesia «só pode se debater cegamente na máquina que a tritura» e acaba de modo semiconsciente por «lançar os judeus aos lobos com o intuito de suavizar o próprio fardo e assim se salvar», saqueando suas reservas e suas lojas.

Foi então que iniciou a liquidação econômica dos judeus: todas as formas de expropriação, interdição das profissões liberais, da administração etc. Pouco a pouco os judeus são privados de todos os meios de existência [sic]: eles podem viver apenas com as reservas que puderam salvar. Durante todo esse período, que vai até às vésperas da guerra, a política nazista em relação aos judeus se resume em duas palavras: *Juden raus!* Fora judeus! Procura-se de todos os jeitos favorecer sua emigração. Mas, se os nazistas apenas buscavam se livrar dos judeus não sabendo como o fazer, e se os judeus, por sua vez, apenas pediam para ir embora da Alemanha, ninguém em outro lugar os quis receber. Isso não causa surpresa, uma vez que ninguém podia acolhê-los: não havia um só país capaz de absorver e manter milhões de pequeno-burgueses arruinados. Só uma pequena parte dos judeus pôde partir. Os demais ficaram, apesar de sua vontade e da dos nazistas. De um jeito ou de outro, com a existência em suspenso.

Desse modo, progressiva e mecanicamente, colocou-se em operação a máquina do Holocausto: «Para começar, foram retirados de circulação, reagrupados, concentrados». Depois, foram obrigados a trabalhar «sendo subalimentados, isto é, superexplorados até a morte». E, por fim, como conta em detalhes Raul Hillberg nos três tomos de *Destruição dos judeus da Europa*, começou a operação a pleno vapor de um processo de extermínio industrial.

Essa história pesa verdadeiramente sobre nós? Não há nada mais certo que isso. Ainda que ninguém, nem mesmo os piores entre os xenófobos, fosse capaz de hoje desejar um novo genocídio, a história da *Shoah* nos lembra de que certas tragédias podem ser realizadas sem que ninguém escreva sua trama de antemão. Uma desordem espontânea opera na história, e a burguesia desclassada já deu provas de sua violência.

8. Guerra e destruição

Em 1929, em concomitância com a grande crise que dez anos depois levara à guerra, Henryk Grossmann publicava *A queda do capitalismo*. Nessa que permanecerá como sua obra mais importante, o economista polonês sistematizava e atualizava a teoria marxista concentrando-se nas contratendências que operam para compensar a queda tendencial da taxa de lucro e, portanto, o colapso do sistema. Entre estas, Grossmann cita a «desvalorização» do capital — isto é, sua desvalorização e sua depreciação, em suma, a venda a preços de falência —, que implica a diminuição dos custos dos elementos de produção. Esses fenômenos vão afetar os capitalistas *individuais*, mas, «para a *classe dos capitalistas*, para o sistema capitalista, são uma válvula de segurança, um meio para prolongar a duração do sistema» — e que, além disso, deveriam chamar nossa atenção para a sistemática divergência de interesses entre os empreendedores individuais (que tendem a ter posições ricardianas-neoclássicas) e o sistema como tal (que, querendo sobreviver, privilegia as medidas keynesianas). O principal agente dessa desvalorização é, evidentemente, a guerra:

Longe de serem um impedimento para o desenvolvimento do capitalismo ou uma circunstância que acelera sua ruína, as destruições e as desvalorizações de guerra são sobretudo um meio para atenuar a queda que se faz ameaçadora, para dar ar fresco à acumulação de capital. Cada uma das perdas de capital, subsequentes aos gastos de guerra, suaviza a situação de tensão e abre o espaço para uma nova expansão. Assim funcionaram sobretudo as colossais perdas de capitais e as desvalorizações que se seguiram à guerra mundial.

A guerra tem assim outra benéfica consequência para a acumulação, uma vez que aniquilando os atores menos competitivos vai limitar a concorrência impiedosa que leva os preços a se alinharem com os custos de produção. Georges Bataille, em sua visionária releitura do pensamento de Keynes em *A parte maldita*, define a guerra como «um consumo catastrófico da energia em excesso». Segundo o historiador Walter Scheidel, a experiência ensina que apenas as grandes catástrofes permitem combater a desigualdade, reajustando em certo sentido as condições necessárias à reinicialização de um ciclo de acumulação. Em seu recente ensaio *Violência e a história da desigualdade da Idade da Pedra ao século XXI*, Scheidel identifica quatro tipos de catástrofes que funcionaram nesse sentido na história humana: a mobilização militar total, as grandes revoluções violentas, as falências estatais e as epidemias letais. Citando o Apocalipse, Scheidel os chama de «*Four Horsemen of Leveling*», os quatro cavaleiros do nivelamento que «trazem novamente a paz para a terra». Provocaram a morte de milhões de pessoas, mas, no deserto que deixaram, a diferença entre ricos e pobres indubitavelmente foi suavizada.

Para obter esse resultado, tais catástrofes devem envolver toda a sociedade, e é a razão pela qual apenas as guerras que mobilizaram toda a população — como as guerras mundiais do século XX — funcionaram tão bem como niveladores. Paul Krugman popularizou o conceito de «Grande Compressão» para definir o período entre 1914 e 1945, no qual, por causa das guerras, a diferença entre as rendas foi reduzida de modo fenomenal, lançando as bases para o *boom* econômico sucessivo. Com efeito, especifica Scheidel, essas guerras produziram algumas consequências específicas que atuaram diretamente na distribuição da riqueza:

> A distribuição material provocada pela guerra em escala industrial, em conjunto com a imposição fiscal confiscatória, a intervenção pública na economia, a inflação, a desarticulação dos fluxos globais de bens e de capitais, além de outros fatores combinados, varre a riqueza das elites e leva à redistribuição dos recursos. Esses fenômenos servem, ademais, como potentes catalisadores para as políticas de nivelamento, fornecendo impulso à extensão dos direitos além de desenvolvimento da sindicalização e do estado social.

Dito tudo isso, seria inoportuno ficarmos felizes com a perspectiva de uma possível guerra que resolveria os problemas do capitalismo, como fazem os entusiastas do keynesianismo militar e o próprio Krugman, quando brinca na televisão a respeito dos benefícios que poderíamos ter com uma metafórica «invasão alienígena». Como solução, com efeito, seria no mínimo drástica. As primeiras vítimas desse grande nivelamento seremos, sem dúvida, nós da classe inadequada. Por exemplo, a guerra de 1914-1918 sem dúvida serviu para a ascensão dos Estados Unidos da América, garantindo o bem-estar da sua classe média, mas, se invertemos o ponto de vista, também poderíamos nos interessar pelo modo como foi destruído o Império austro-húngaro por meio da dissolução das ligações entre centro e periferia e o exaurimento de suas cadeias de mantimento. Assim é varrido o «mundo de ontem» descrito por Stefan Zweig, inconsciente das relações de produção em que se encontrava.

Resta compreender se conseguiremos evitar que os novos nacionalismos desemboquem em guerras comerciais abertas, e a partir daí nos conflitos armados que mecanicamente se seguirão a elas. As ideologias do ressentimento que seduzem a burguesia desclassada em todas as economias desenvolvidas abrem essa possibilidade de forma totalmente concreta.

COMO NUM ESPELHO

É notória a teoria de Tchekhov segundo a qual se num conto se descreve uma espingarda dependurada numa parede antes do fim é absolutamente necessário fazê-la disparar. Sabendo disso, o espectador por certo suspeita quando, no início do terceiro ato de *Ivanov*, primeiro grande drama do autor da classe inadequada russa, a cena se abre num quarto cheio de armas à mostra, isto é, o escritório do herói epônimo:

> Sobre a escrivaninha, em desordem, papéis, livros, pastas, mosquetões, pistolas; entre os papéis, uma lâmpada, uma garrafa de vodca, um prato com arenque, dois pedaços de pão, pepinos em conserva. Nas paredes, mapas, pinturas, fuzis, pistolas, foices, chicotes etc.

E efetivamente uma dessas pistolas servirá para o protagonista, no fim do último ato — pouco antes de caírem as cortinas e depois de ter pronunciado as fatídicas palavras «Eu caí demais! Chega!» —, disparar contra si mesmo. Nikolai Alekseevic Ivanov se suicida com 35 anos, idade em que definitivamente se dá conta do fracasso de seus sonhos de juventude: «O colégio, a universidade, em seguida o uniforme, as escolas, os projetos...». Algo se rompeu sob o peso das aspirações traídas, deixando-o errante como um espectro, sem nenhum sentido em sua vida. O mal-estar de Ivanov não tem nada de romântico, nada de parecido com Hamlet, nenhuma autocomiseração, mas, aliás, certo senso de ridículo que o impede até mesmo de gozar de seu descanso:

> Fui jovem, ardente, sincero, não estúpido; amei, odiei e acreditei não como os outros, trabalhei e esperei por dez anos, lutei contra os moinhos de vento, bati a cabeça contra o muro; sem medir minhas forças, sem conhecer a vida, levei nas costas o peso que me quebrou a coluna e arrancou minhas veias.

Ivanov é o primeiro dos tantos falidos tchekhovianos, mas talvez o sinal da maturação do escritor russo em suas obras sucessivas consista exatamente em abandonar a herança romântica que ainda se encarna num suicídio vulgar e substituí-lo por uma amarga ironia. Em *A gaivota*, o suicídio acontece, mas por um momento o espectador crê que o disparo fora de cena seja apenas o barulho de um frasco de éter que estoura: caso nos detenhamos para notar a ironia da coisa, num átimo compreenderemos que, na realidade, a comédia à qual assistimos é uma efetiva tragédia. A agitação estilística é completa num breve monólogo de 1902, a fictícia conferência sobre os *Danos do tabaco*, cujo patético protagonista (um Ivanov que em vez de se matar se resigna) não perde a oportunidade para se lamentar a respeito de sua vida miserável, temendo a todo instante que sua mulher entre na sala para discutir com ele. Também ele sofre da defasagem entre a própria condição social e a ideia de uma vida digna. Tragédia e comédia são modos diversos para contar o mesmo caráter, o mesmo destino: o mal-estar de quem não consegue *ser ele mesmo* segundo a imagem, já gravada de forma indelével, que fazia de si quando tinha vinte anos. Um mal-estar que emerge nos períodos de crise econômica, quando um número crescente de pessoas não encontra modos de realizar as próprias aspirações, e que torna tão parecida nossa experiência com aquela da Rússia do fim do século XIX. Todos nós vamos nos suicidar? Claro que não, como vimos: mas no suicídio dos grandes heróis literários com certeza leremos uma metáfora de seu mal-estar. Como sintetiza uma nota introdutória às obras completas de Tchekhov, da edição russa de 1950, citada por sua vez pela Pléiade:

> O que leva Ivanov a seu fim é sua «doença», que é o resultado das más condições da vida social russa; destruíram sua vontade, tolheram-lhe qualquer fé ou aspiração. Na luta contra uma realidade perversa, Ivanov não teve força suficiente, «enfraqueceu-se» demasiado rápido.

A vida que aprendemos tenazmente a desprezar na juventude é a que espera grande parte de nós na vida adulta: o problema é que às vezes nos habituamos, mas nunca deixamos de desprezá-la. É no momento em que esse desprezo se torna ressentimento que começa a erodir o corpo social. O suicídio é seu sintoma mais evidente, tanto nos tempos de Ivanov como hoje. «Essa é a realidade errada»: são palavras contidas na carta atribuída a um suicida de trinta anos, conhecido apenas como Michel, publicada em fevereiro de 2017 pelo jornal *Gazzetino* e que circulou muito numa classe que se reconheceu em seu grito desesperado. São palavras que, por meio de uma denúncia metafísica da própria realidade, soam como uma prece gnóstica ou uma afirmação que saiu de uma ficção científica de Philip K. Dick. A classe inadequada parece viver como os personagens de *O homem do castelo alto*, que pouco a pouco se convencem de estar vivendo numa realidade paralela. Nesse conflito entre o mundo como é e o mundo como deveria ser, escreve Michel: «[ninguém] pode estabelecer quais são os limites de tolerância, porque são subjetivos e não objetivos». A sociedade do bem-estar nos livrou da miséria absoluta, mas nos deu uma nova e mais insidiosa, a miséria relativa da qual falava Marx ao anunciar nosso destino universal: a superpopulação relativa, nosso ser-demasiado-no-mundo. «O mundo é perfeito. Com uma única exceção: nós», escrevia Tchekhov numa carta de dezembro de 1890 a seu editor Aleksej Sergeevich Suvorin.

Nos mesmos anos em que Tchekhov escrevia seu *Ivanov*, o sociólogo francês Émile Durkheim propunha uma análise do fenômeno do suicídio que permanece esclarecedora ainda hoje. É preciso se concentrar num capítulo específico de *O suicídio*, publicado em 1897, o «Suicídio anômico». De fato, existem muitas tipologias de suicídio e muitas categorias de fatores que concorrem: loucura, hereditariedade, sazonalidade, mimese, egoísmo ou altruísmo... Mas há um tipo particular de suicídio que surge de uma condição de anomia, ou seja, de uma desregulação dos valores, que corresponde precisamente à condição da classe inadequada em todo lugar e época. O mal-estar descrito por Durkheim parte de uma defasagem entre meios e fins:

> Um ser vivo não pode ser feliz e também não pode viver se suas necessidades não são proporcionais a seus meios. De outro modo, se exige mais do que lhe pode ser concedido ou simplesmente outra coisa, ficará sempre desiludido e não poderá existir sem dor.

Os grandes suicídios literários, como o de Ivanov, com frequência são suicídios anômicos. Em sua época, Durkheim nota a enorme taxa de suicídio entre os rentistas, a classe consumidora que não consegue acompanhar as transformações econômicas e sociais. Todavia, Durkheim tem o cuidado de não estabelecer um padrão de vida mínimo ao qual o indivíduo deveria se acomodar em cada lugar e época; aliás, ele se pergunta: «Mas como fixar a quantidade de bem-estar, de luxo ao qual um ser humano pode legitimamente aspirar?». Dado que a alma é um poço sem fundo de necessidades e os desejos são ilimitados por definição, ou melhor, elevam continuamente os meios à disposição, o critério se desenvolveu ao longo da história. Por isso, Baudrillard falava de «gênese ideológica das necessidades». Isso tem uma implicação muito importante, qual seja: que cada adaptação às condições econômicas reais é uma verdadeira violência feita à identidade profunda que se enraizou no indivíduo. As expectativas individuais se definem no interior de certo modelo cultural:

> De fato, existe na consciência moral das sociedades, em todo momento da história, um sentimento obscuro a respeito do que valem respectivamente as diversas atividades sociais,

de qual seja a remuneração relativa devida a cada uma destas e, como consequência, da medida de conforto que convém à média dos trabalhadores em cada profissão. As diversas funções são como que hierarquizadas na opinião e um certo coeficiente de bem-estar é atribuído a cada um em função do posto que ocupa na sociedade.

Em suma, segundo Durkheim, esses aspectos são diferentes para o trabalhador e o funcionário, e com eles os conceitos sociais de necessidade e luxo. O mal-estar surge no momento em que «o trabalhador não está em harmonia com sua situação social, não está convencido de ter o que merece». O sociólogo americano Robert K. Merton, que nos anos 1950 seguiu os traços de Durkheim, explica, por meio da anomia, o problema do «desvio», tema catapultado para o centro da cena sociológica diante de uma crescente preocupação em relação à delinquência juvenil que caracteriza o primeiro pós-guerra (e do qual o musical *West Side Story* será, em 1957, o testemunho mais completo). Segundo essas análises, é o conflito entre as normas culturais e as oportunidades sociais que produz, no centro da sociedade de bem-estar, uma reação de recusa em relação a tais normas.

Isso é mais evidente na sociedade democrática, estruturalmente anômica, uma vez que, segundo Durkheim (como também já segundo Tocqueville), «todas as classes estão em conflito porque já não há uma relação clara estabelecida». Trata-se de uma situação mais acentuada nos períodos de turbulência econômica, visto que «é um fato notório que as crises econômicas têm um efeito agravante sobre as tendências suicidas». Porém, ao falar de crise, Durkheim não entende necessariamente apenas o efeito da ruína financeira, mas também as inesperadas explosões de prosperidades que enriquecem alguns de maneira imprevista, agitando as relações entre as classes e as profissões. Segundo o sociólogo, de novo como para Tocqueville ou para Girard, para o funcionamento social e para o bem-estar do indivíduo é necessário que as paixões sejam limitadas por meio de um «poder regulador» além do indivíduo: a moral, a religião, a pressão da comunidade. As transformações culturais podem tornar mais difícil essa regulação: o progresso industrial provocou uma «apoteose do bem-estar» que «santificou» os desejos e tornou «sacrílego» — como vimos, de Keynes e Bataille em diante — todo projeto de regulação. Nessa argumentação, encontramos o Durkheim conservador, crítico do mercado e defensor das corporações somente em parte compensado pelo sociólogo que se limita (em teoria) a descrever seu fenômeno. Portanto, encontramos também a velha «ética protestante» weberiana ou a moral corânica de Ibn Khaldun, que tinham como função social justamente «conter» o desejo individual dentro dos rígidos limites da economia de sua época.

Para analisar as consequências sociais dessa desregulação da qual surgem os fenômenos de mal-estar e desvio acima evocados, devemos neste ponto nos voltar para Nietzsche: com efeito, o verdadeiro protagonista do tempo da anomia é o homem do ressentimento por ele teorizado. Com esse termo, o filósofo alemão, nos anos 1880, colocava em cena um novo tipo social capaz de explicar um mal-estar cada vez mais difundido na civilização liberal. «Quisera ser alguma outra pessoa, assim suspira esse olhar: mas não há esperança! Eu sou o que sou: como me livraria de mim mesmo? E estou farto de mim!» É esse o lamento do ressentido, como relatado na *Genealogia da moral*, de modo similar à carta de despedida de um suicida.

O primeiro motor de um homem do ressentimento é naturalmente a inveja, o desejo mimético, para dizer como Girard. Mas não haveria ressentimento se a inveja não fosse acompanhada pela incapacidade de agir e de reagir, por uma impotência que condena o indivíduo a cultivar uma vingança imaginária. Em suma, o ressentimento é uma estratégia psicológica, discursiva e, no fim das contas, política, que consiste em despejar a culpa sobre o outro. Ou até mesmo em fazer existir uma culpa onde antes não havia — na natureza não existem culpas — e, com isso, uma dívida a saldar, e, portanto, o início de um ciclo de represálias. Nietzsche analisa esse mecanismo de projeção que nasce da impotência, do qual se serviram os cristãos para aniquilar o império romano. Os antigos mártires procuravam a morte fingindo não a procurar e, então, atribuindo a responsabilidade total aos executores materiais de sua própria pulsão suicida. E é exatamente a mesma coisa que se vê na carta de despedida do trabalhador precário já citado, que assim constrói um sujeito «Precariado» (ou, de forma mais direta, «a sociedade») sobre o qual recai toda a culpa de seu gesto.

A ação do mártir surge da contradição trágica entre duas ordens de lei, entre a lei do mundo e outra lei superior, mas sobretudo na diferença anômica entre realidade e expectativa, que para alguns poderia recordar certo meme — «Reality x Expectations» — que coloca uma ao lado da outra as representações do que um certo tipo humano é «para sua família» (um empregado modelo), «para seus amigos» (um bêbado devastado), «para si mesmo» (uma foca amestrada de circo). O filósofo Max Scheler, que desenvolveu as intuições de Nietzsche, ilustra bem isso num livro escrito entre 1912 e 1919, *O ressentimento na edificação das morais*:

Grandes reivindicações interiores ou um grande orgulho desproporcional em relação à situação social que se ocupa são fatores particularmente propícios ao desenvolvimento do rancor. A consequência que daí extrai o sociólogo é de grande importância: quanto mais ampla for a diferença entre a condição jurídica dos diversos grupos sociais garantida pelo sistema político ou pela tradição e sua potencialidade real, maior será a perturbadora carga de explosivo espiritual.

E, em suma, como Tocqueville, Scheler nota que o ressentimento é destilado em máxima quantidade no interior de uma sociedade que distribui direitos políticos quase nada uniformes, e, portanto, faz coexistir uma igualdade formal e exterior com consideráveis diferenças *de fato* em termos de riqueza, poder, cultura. Se observamos a cena contemporânea em busca de alguns indícios de como a trama se desenrolará, no meio dos papéis vemos despontar por toda parte pistolas e espingardas: mas, desta vez, não se pode dizer que disparem. A anomia e o ressentimento são condições que não têm uma só saída possível. «Quanto mais a inveja é impotente», observa Scheler, «mais ela é devastadora», e isso é particularmente verdade quando se trata de valores e riquezas que não podem ser comparados. «O caso extremo», acrescenta Scheler, «é o do indivíduo ou de um grupo que considera a própria *existência* e o próprio estado como motivo de vingança». Mas não é essa, justamente, a condição da classe inadequada?

A condição de mártir da classe inadequada está em sua obstinação em seguir a própria lei, e isso coloca o indivíduo numa situação de conflito objetivo com a realidade, que necessariamente produz um trauma. Para Scheler, o homem do ressentimento tem «a obscura sensação de viver num *mundo ilusório*, *irreal*». Podemos citar mais uma vez a passagem quase paulina, aliás, quase gnóstica, dickiana, como dissemos acima, da famosa carta: «Esta é a realidade errada, é uma dimensão em que conta a praticidade que não premia os talentos, as alternativas, zomba das ambições e insulta os sonhos». Em suma, para citar Paulo, «nós vemos como num espelho...». O mecanismo do ressentimento, portanto, surge no momento em que essa diferença entre as duas ordens valorativas constitui uma dívida, a dívida da realidade em relação às aspirações, uma dívida que é simbolicamente saldada com a morte, e cuja culpa deve ser em sua totalidade lançada nas costas do Real (a sociedade, a economia, a classe política corrupta...).

Nietzsche diria que se trata de uma forma de fraqueza, uma incapacidade de aceitar a ordem do mundo (adiaforia). Mas a carta lembra também outra coisa muito pertinente, sobre a qual Durkheim e Baudrillard estariam de acordo, isto é, que «[ninguém] é capaz de estabelecer quais são os limites de tolerância, porque são subjetivos e não objetivos». Se a dimensão subjetiva, relativa, não pode ser neutralizada ainda que profundamente radicada na identidade cultural da classe inadequada, por outro lado, para quem quer sair da espiral de ressentimento, não se vê outra possibilidade senão ir trabalhar na esfera simbólica. Ou seja, é tentar imaginar uma *exit strategy* [estratégia de saída] da autorrepresentação que fazemos da própria identidade, e isso por meio de uma crítica radical da ideologia da própria classe social. Mas, embora possamos fazer esse trabalho em nós mesmos, e, portanto, fazer todo esforço possível para de algum modo chegar a um acordo com o Real, não podemos *pretender* que os outros o façam.

Uma das grandes figuras literárias do compromisso é Étienne Lousteau, o jornalista que em *Ilusões perdidas* de Balzac se ocupa de acompanhar o ambicioso Lucien de Rubempré em sua queda do empíreo da poesia no inferno do jornalismo, entre fracos jogos de poder, pequenas chantagens e gratificações fáceis. Mas, incapaz de seguir Lousteau até o abismo de sua abjeção, Lucien acaba fugindo para Paris e decide, por fim, suicidar-se. A carta que escreve é sua verdadeira obra-prima literária, uma vez que exprime o sentimento de toda a classe inadequada:

> Sim, estou cheio de ambições desmedidas, que me impedem de aceitar uma vida humilde. A lembrança de certos gostos, de alguns prazeres, envenena as alegrias que tenho ao alcance da mão e que, há um tempo, me satisfariam.

Lucien, dessa vez, não se suicida. Um abade — aliás, alguém que se *finge* abade — o desviará de seu intento, prometendo-lhe uma imensa fortuna. Pela tragédia é preciso esperar um romance seguinte, *Esplendores e misérias das cortesãs*. Mas, diante do suicídio sonhado e planejado de Lucien, diante da expressão lúcida desse mal-estar que todos conhecemos, Balzac retira uma conclusão geral que coincide, ainda que com algumas décadas de antecipação, com a leitura durkheimiana:

> O suicídio é o efeito de um sentimento que chamaremos, se vocês quiserem, estima de si mesmo, para não o confundir com a palavra honra. O dia em que o homem chega a se desprezar, o dia em que se vê desprezado, no momento em que a realidade da vida contrasta com suas esperanças, ele se mata

prestando assim homenagem à sociedade diante da qual ele não quer aparecer despido de suas virtudes e de seu esplendor.

E eis, portanto, o inconfessável segredo da anomia: se queremos morrer, nos extinguir ou nos rebelar, é, no fundo, apenas para satisfazer nossa vaidade. Como já havia compreendido Ivanov, nossa pose trágica não nos salvará do ridículo; mas o senso de ridículo não nos salvará do mal-estar.

A CAUDA LONGA DO RESSENTIMENTO

Um tipo particular de homem do ressentimento é o «perdedor radical» que escolhe exercitar a violência política para se vingar da injustiça que diz sofrer por parte da realidade. Em *Heroes*, Bifo relata o mal-estar de vários assassinos de massa e as diversas estratégias discursivas que cada um deles adotou para ilustrar o próprio ressentimento. O terrorista faça-você-mesmo é o último a chegar na grande família dos diletantes do perigo. Depois dos aspirantes a taxistas, dos escritores que se autopublicam e de toda uma geração de *freelancers* precários com um computador portátil como único escritório, também no campo da violência política enfim entraram no novo milênio.

A *sharing economy* [economia compartilhada] se transformou em *platform capitalism* [capitalismo de plataforma]. Em todo setor foram derrubadas as barreiras de entrada que fixam os investimentos mínimos necessários para operar em seu interior. A disponibilidade de materiais semiprofissionais a preços cada vez mais acessíveis hoje permite que qualquer pessoa possa competir no mercado — ou desencadeie, por que não, uma pequena guerra. Um celular é o suficiente para entrar em contato com a grande rede do terrorismo internacional. Justamente como a Uber consegue gerar lucros agregando um grandíssimo número de transações de baixo custo, o autoproclamado Estado Islâmico canaliza as ressacas de ressentimento dispersas por todo o planeta oferecendo uma ideologia, uma iconografia, uma caixa de ressonância, em suma, uma sólida marca internacional em troca de um tributo de sangue. Num mundo em que a miséria diminui, a velha guerra entre Estados está progressivamente dando lugar a uma espécie de uberização do terror.

Isso não causa incômodos aos anticapitalistas de domingo: o progresso tecnológico e a globalização liberaram porções cada vez maiores da população mundial das necessidades, garantindo a elas o acesso a bens e serviços essenciais. Mas se muitos pobres se tornaram menos pobres é também verdade (como mostrou Branko Milanovic em seus estudos) que muitos ricos se tornaram mais ricos, enquanto nas economias avançadas o estrato médio tende a se erodir. Não se preocupem com os apologistas do livre mercado: com a industrialização o que aumenta é a pobreza relativa, isto é, a diferença de renda (e de status) entre quem participa mesmo que indiretamente dos lucros do capital e quem vive apenas do próprio trabalho. Estimular essa insatisfação sempre foi a função do marketing.

Eis que temos diante de nossos olhos uma mistura explosiva entre relativo bem-estar e pobreza relativa. Literalmente explosiva porque essa condição intermediária é típica dos terroristas em muitos países islâmicos, e não só nestes. São filhos da classe média e superinstruídos em relação à capacidade de absorção do mercado de trabalho, exatamente como nós. Na época dos atentados de 11 de setembro de 2001, vários analistas chamaram a atenção para o fato de que os terroristas com frequência eram formados e que os engenheiros representavam uma proporção importante dos membros das organizações islâmicas. Foi demonstrado que terroristas e extremistas tendem a ter, geralmente, uma educação superior à média, algo que poderia surpreender os funcionários da Unesco, mas que sobretudo chama a atenção para um paradoxo interessante: «A adesão ao terrorismo nada mais é do que uma aplicação particular dos princípios da economia das escolhas ocupacionais. Algumas pessoas escolhem se tornar médicos ou advogados, outros tentam uma carreira no terrorismo». Em seu estudo de 2009, «Why are these so many engineers among islamic radicals?», Gambetta e Hertog sustentam que a escolha do terrorismo depende da escassez de postos de trabalho qualificados oferecidos pelo mercado de trabalho nos países árabes ao término de ciclos de estudos que tinham como promessa oportunidades de emprego de alto nível. Consequências imprevistas da superinstrução... Pobres demais para ficarem satisfeitos com a própria condição, esses jovens inadequados são ricos o suficiente para desencadear uma guerra na tentativa de melhorar sua condição. O capitalismo nos livrou da miséria absoluta, mas nos ensinou a sofrer de pobreza relativa. E ao contágio da inveja social respondeu democratizando o acesso à violência política.

À sombra de mastodônticas concentrações de riqueza, grande parte da população mundial tende àquilo que René Girard chamava de indiferenciação. Uma vez que ficamos cada vez mais iguais, são, portanto, as diferenças relativas a acender o fogo da inveja: o trabalhador da Foxconn de Longhua espera ter acesso à classe média; a burguesia chinesa aspira ao conforto de sua contraparte ocidental; e, todavia, nós não nos damos conta do fato (em si puramente matemático) de que 1% da população é mais rica do que os 99% restantes. A luta de classe tem o mesmo motor mimético da corrida pelo prestígio: *Keeping up with the Joneses* [*Vizinhos nada secretos*], ou seja, sempre acompanhar os próprios vizinhos, para citar a fórmula usada por Duesenberry, em 1949, para ilustrar sua teoria da renda relativa. A régua talvez esteja mais alta, visto que é preciso «acompanhar os Kardashian», do título do *reality show* que conta a vida de uma riquíssima família americana que hoje é absurda celebridade planetária. Como escrevia Chesterton, «se a Bíblia ensina a amar o próximo [em inglês *neighbour*, isto é, «vizinho»] mas também a amar o próprio inimigo, provavelmente é porque se trata da mesma pessoa».

Esse inimigo, com frequência, é aquele a quem o Ocidente vende suas armas. Em seu *Trading with the Enemy,* Hugo Meijer descreve o paradoxo que rege a indústria bélica americana: ter de vender armas a poderes que poderiam, um dia, revelar-se hostis, nesse caso, a China. Segundo o já citado Girard, chegará o dia em que os dois países atingirão o máximo grau de indiferenciação. O momento se aproxima e então por que correr o risco de armar o próprio adversário potencial? Porque é sobre esse pacto infernal que se sustenta o frágil bem-estar de toda uma nação: *it's the economy, stupid* [é a economia, estúpido].

Uma antiga maldição chinesa diz: que todos os seus desejos possam se concretizar. E se também fosse a maldição que aflige a sociedade do bem-estar? À primeira vista soa como um paradoxo: graças ao progresso industrial, uma crescente quantidade de necessidades pode ser satisfeita; e, hoje, graças à economia de plataforma, oferta e procura podem consumar seus encontros em ritmo vertiginoso. O problema, se há, é que nem todos os desejos são bons para serem satisfeitos. Ou ao menos não o são do ponto de vista da coletividade, que, com efeito, reserva para si o poder de regular aquilo que pode ou não pode ser trocado.

O sonho de um mundo onde os desejos de cada um se realizam — esse mundo que a sociedade do bem-estar nos promete — parece com um pesadelo. Um pesadelo ecológico, sobretudo: se toda pessoa sobre a terra consumisse como um americano, como é notório, o planeta estaria à beira do colapso. Mas também um pesadelo de sociedade profundamente disfuncional, porque com frequência os desejos de um visam apenas à prevaricação do outro. Como intuiu Fred Hirsch em *Limites sociais do crescimento*, os bens materiais talvez possam ser produzidos em abundância, mas o status é uma mercadoria estruturalmente escassa. Como já havia intuído Tocqueville, a terra das oportunidades se condena ao desgaste de uma concorrência perpétua. Em *Plataforma*, Houellebecq chegava à conclusão de que «o capitalismo é, por princípio, um estado de guerra permanente, uma luta perpétua que jamais pode ter um fim». E é justamente sobre essa competição — no mundo do trabalho, na vida sexual etc. — que fala o escritor francês em todos seus romances, de *Extensão do domínio da luta* e *Partículas elementares* em diante...

O pior pesadelo é obviamente o da violência política. Também o terrorista formula uma demanda; e também para sua demanda existe um mercado. Um atentado é o resultado de uma série de transações que permitiram a aquisição de certos bens (armas, meios de transporte, materiais eletrônicos, liquidez), a utilização de certos serviços (informações, contatos, viagens, treinamentos, *branding* etc.). Uma parte dessas transações evidentemente é ilegal, mas todas ficaram mais fáceis com a elevação do nível de vida e com as transformações da oferta. À demanda por emancipação, o capitalismo respondeu democratizando a guerra.

A quantidade de armas produzidas no mundo continua a aumentar desde 2010, e seu preço continua a diminuir. Hoje, é possível até mesmo imprimir peças para troca e armas inteiras com as impressoras 3D. Em muitas áreas do mundo, ficou tão fácil equipar-se com materiais militares que um grupo de brigadistas no centro do Oriente Médio pôde se autoproclamar «Estado». Nos países ocidentais a ameaça do terrorismo está sendo mantida sob controle por meio de grandes investimentos na segurança. E também existem as *social networks* [redes sociais], que servem como instrumento de propaganda e doutrinação: várias ações contra o Facebook e o Twitter foram intentadas nos últimos meses por familiares de vítimas do terrorismo nos Estados Unidos, na Europa ou em Israel, sempre sem êxito.

Nisso podemos ver a enésima analogia com a cauda longa que caracteriza o mercado no capitalismo tardio. Em vez de concentrar-se na venda de um único produto em grandíssima escala — a velha economia do best-seller —, empresas como a Amazon lucram vendendo em média ou pequena quantidade, às vezes até mesmo um único exemplar, uma infindável galeria de produtos. Por analogia, poderíamos dizer que os assim chamados lobos solitários nada mais são que a cauda longa do terrorismo. A curva de distribuição do risco de atentados é similar ao gráfico de vendas da Amazon: os serviços de segurança podem facilmente prevenir os grandes atentados (os *best killer*), mas não podem manter sob controle o potencial destrutivo de uma soma de atos individuais. Trabalhando com uma base de dados de 13.407 atentados terroristas, o analista de dados Aaron Clauset mostrou que 92,4% destes fizeram menos de dez vítimas.

A economia de plataforma derruba antigos oligopólios e os substitui por um acesso mais «democrático» aos bens e serviços.

Mas a promessa universal de sucesso, liberdade e emancipação é um engano: porque se é verdade que é cada vez mais fácil fazer a guerra, a reciprocidade na corrida aos armamentos torna cada vez mais difícil vencê-la — ou melhor, pôr um fim nela. Com a uberização do terror é o antigo «monopólio da violência» que pertencia apenas ao Estado que também se quebra. Hoje, uma espécie de guerra líquida inunda toda a terra sem mais nenhuma barreira para conter as ondas. Carl Schmitt falava de uma guerra civil mundial que substituiu o velho direito internacional. Esse é, portanto, o preço por acompanhar Kim Kardashian?

BREAKING BAD

Em todo o mundo, o movimento de empobrecimento relativo produz reações disfuncionais: incapazes de «resolver» os problemas da classe inadequada, nada mais podem fazer além de acelerar o curso de seu mal. A competição se acentua, os investimentos crescem de maneira desmedida e os políticos, para sobreviver, devem prometer relançar o crescimento por meio de medidas drásticas e realizáveis apenas pagando custos sociais altíssimos: demissões em massa ou retrocessos soberanistas, falências conduzidas ou drásticas medidas contábeis. Na histeria da classe média que se vê morrer, as soluções cooperativas não parecem praticáveis.

De 2008 a 2013, em cinco temporadas, uma série televisiva narrou esses Estados Unidos desesperados que se preparavam para votar em Donald Trump: trata-se de *Breaking Bad*. A história de um professor de química que, não podendo pagar seu tratamento para câncer, começa a produzir e traficar drogas. Mas é justamente nesse condensadíssimo resumo — e em sua relação de causa e efeito que sugere — que está toda a ambiguidade da série, além de sua contribuição à compreensão do fenômeno da classe inadequada. Porque, na realidade, Walter White, o protagonista, poderia muito bem pagar pelo tratamento. Poderia se aceitasse fazer o tratamento com um médico conveniado a seu plano de saúde, poderia se, por puro orgulho, não tivesse recusado certa oferta de trabalho e, sobretudo, poderia se seu estilo de vida não contasse com uma casa com piscina (como 15 milhões de famílias nos Estados Unidos) e uma esposa dona de casa para manter. Um estilo de vida, o chamado *American way of life*, que na escala das desigualdades mundiais constitui um inatingível modelo de bem-estar. De fato, a pobreza de Walt é uma pobreza relativa. Justamente como a de muitos americanos que votaram em Trump.

Que tenha sido «o Povo» a votar em peso no candidato republicano à Presidência americana, como sustentado num primeiro momento por jornalistas preguiçosos a reboque da moda *gentista*,[12] já foi amplamente desmentido pelos dados sociodemográficos. Não só Trump perdeu contra Hillary Clinton no chamado «voto popular» (e venceu, pelo contrário, com base no sistema de colégio eleitoral), mas, além disso, seu eleitorado em absoluto não foi composto dos estratos mais pobres da população.

---

12 «*Gentista*» deriva de «*gentismo*», neologismo assim definido pelo dicionário *Treccani*: «Atitude política de condescendência calculada em relação aos interesses, desejos e demandas supostamente expressos pelo povo, considerado um conjunto amplo e, do ponto de vista sociológico, indistinto» (disponível em: <https://www.treccani.it/vocabolario/gentismo_res-3e42a3b8-89c4-11e8-a7cb-00271042e8d9_%28Neologismi%29/>. Acesso em: 19 fev. 2022. [N. E.]

A maioria dos eleitores que ganham menos de 50 mil dólares por ano, entre os quais muitos negros, votou em Clinton, que, por sua vez, em relação a Obama, perdeu 6 milhões de votos. Mas, no fundo, todos os americanos, brancos e negros, ainda que pobres, são de algum modo «acionistas» da supremacia comercial, militar e monetária de sua nação. A raiva que emerge no coração dos Estados Unidos, em suma, não é a raiva destes últimos. É uma raiva muito mais violenta e destrutiva: é a raiva dos desclassados. É preciso lembrar para todos aqueles que gostariam de colocar Trump na causa do anticapitalismo (no mais, em aberta contradição com seu programa) que, pelo contrário, o que temos é a revolta dos 10% mais ricos do planeta que estão acertando as contas com a crise de seu modelo de desenvolvimento.

O mal que aflige Walter White, isto é, o americano médio, é de todo social. Ele se sente um falido numa sociedade de «caçadores de prestígio», como os chamou o sociólogo Vance Packard nos anos 1960. Sua descida aos ínferos do narcotráfico nada mais é que o produto de uma rivalidade mimética com o cunhado policial, com os colegas, com os vizinhos. Quando a senhora White se propõe a trabalhar para ajudar o marido a pagar o tratamento, ele afasta essa absurda hipótese sem nem mesmo discutir. Mas, em suma, o que é isso, um filme de Alberto Sordi? Exatamente: uma espécie de remake do *Professor de Vigevano* ou do *Negócio à italiana*, filmes que contavam as patologias da chamada sociedade emergente. «Minha mulher não deve trabalhar!» é o que exclama Antonio Mombelli, professor de ensino básico numa escola de Vigevano, quando, para aumentar a renda, a mulher se propõe a ir trabalhar numa fábrica. Em *Negócio à italiana*, por outro lado, o protagonista Giovanni Alberti decide vender um olho para continuar a garantir o próprio dispendioso estilo de vida. Tanto a de Walter White quanto a de Mombelli e Alberti são uma tragédia burguesa.

Não se deve ironizar o mal-estar social que pode levar um indivíduo a vender um órgão, traficar droga ou votar num político que promete coisas impossíveis. Além disso, é um destino que nós, classe inadequada metida na espiral do desclassamento, conhecemos bem. Com calculado bom senso, políticos de todos os lados nos convidam agora a levar em consideração esse mal--estar, o «bode na sala», como diria Pierluigi Bersani. Mas, em vez de alimentar o ressentimento da classe média, que alegrará apenas os partidos populistas, seria mais honesto lembrar que esse mal-estar se funda sobretudo num doloroso mal-entendido. Seria preciso ter a coragem de dizer aos eleitores, como fez o jornalista Michael Land na revista *Politico*: «Sorry, Trump, America Can't Be Great Again» [Sinto, Trump, mas os Estados Unidos não podem voltar a ser grandes]. Porque, como mostrou Robert Gordon no já citado *The Rise an Fall of American Growth*, o grandioso ciclo industrial inaugurado na segunda metade do século XIX simplesmente se encerrou. Porque, como predica há alguns anos o ex-secretário do tesouro Larry Summers, pode ter se iniciado uma estagnação secular das economias avançadas. Porque, como ensina até mesmo a doutrina marxista, os ciclos do capitalismo são minados por contradições insanáveis que cedo ou tarde chegam à maturação.

A grande mentira dos políticos populistas está em fazer com que seus eleitores acreditem que os perdedores na divisão do trabalho internacional são os países ocidentais. Na realidade, se de fato Donald Trump fechar as fronteiras será justamente a atividade do pobre Walter White a primeira a pagar a conta. Porque a imensa riqueza que o ex-professor de química acumulou cozinhando metanfetaminas não depende apenas de suas competências de trabalho, nem do design e do *branding*, como diria o pessoal da Apple, mas de um fator de produção sobre o qual se fala pouco em *Breaking Bad*: a matéria-prima. O principal ingrediente da receita de White se chama pseudoefedrina, um alcaloide usado na medicina como descongestionante nasal. Em 2012, os Estados Unidos importavam 180 mil quilos sobretudo da Alemanha, da China e da Índia. Chegando à fila da cadeia de valor, o Steve Jobs da droga pode decuplicar, aliás, centuplicar o *return on investment* [retorno sobre o investimento] em sua matéria-prima. Isso porque a saúde das economias avançadas, como mostrou o economista sul-africano Hosea Jaffe, funda-se sobre a exploração da força de trabalho mundial. A atual crise surge da incapacidade de espremer ulteriormente uma mais-valia que diminui no ritmo das contradições do capitalismo, da evolução tecnológica e da concorrência internacional. Nesse sentido, o Ocidente não viveu sobre as próprias possibilidades; mas sobre as possibilidades alheias.

O que pode levar uma potência imperial como os Estados Unidos a sonhar, com Trump, a estrada do isolacionismo? Acontece nos Estados Unidos a mesma coisa que está acontecendo na Itália, na França, na Inglaterra: a classe transnacional que por décadas, com frequência sem nem mesmo se dar conta, indiretamente gozou dos benefícios da globalização, diante dos rendimentos decrescentes do sistema elaborou um vigoroso ressentimento e pariu uma ideologia soberanista que imita de forma grotesca o socialismo. Mas se trata do socialismo alucinatório da burguesia desclassada, uma «revolução burguesa», como diria Michel Clouscard. Em sua encarnação histórica precedente, chamava-se fascismo. Uma droga muito mais pesada do que a metanfetamina, mas uma possibilidade concreta que lança sua sombra sobre o futuro da classe inadequada.

EPÍLOGO

Leandro: Todos tendem a consumir, e eu serei o sacrificado?
Carlo Goldoni, *A falência*

O JARDIM DAS CEREJEIRAS

Toda arte surge da crise, toda arte fala da crise. *O mercador de Veneza?* A história de um investimento muito arriscado? As comédias de Goldoni? O retrato de uma burguesia que consome recursos na tentativa de atrair novo capital. *Contracorrente* de Huysmans? Uma excêntrica escalada em direção ao cume da pirâmide das necessidades. Os romances de Émile Zola? Uma representação do modo como o capital é acumulado, no fundo das minas do Passo de Calais, e circula em todos os caminhos da sociedade até chegar aos bordéis de Paris. *Os Buddenbrook* de Thomas Mann? A demonstração de que a lei do rendimento decrescente dos fatores produtivos diz respeito também ao capital humano, erodindo a força de cada estirpe.

Quando a ciência econômica falha em produzir narrativas e visões do mundo capazes de guiar nosso comportamento, talvez apenas a literatura possa... Poderíamos, por exemplo, reler *O jardim das cerejeiras*, de Anton Tchekhov, substituindo as ocorrências da expressão «jardim das cerejeiras» por «welfare»: funciona. O último drama de Tchekhov, datado de 1904, parece a prefiguração de uma cúpula do Eurogrupo com os proprietários arruinados no papel que hoje cabe à Itália ou à Grécia. Tchekhov queria escrever uma farsa sobre a crise de seu tempo, mas há um século é encenada como uma tragédia. E se essa farsa trágica fosse também a nossa?

Para evitar a moratória da casa Ranevskaja, afogada em dívidas, o negociante Lopachin propõe um rigoroso programa de reformas: «É óbvio que será preciso limpar, organizar... Por exemplo, para dizer uma só coisa, derrubar todas as velhas construções, essa casa que não serve para mais nada, cortar o velho jardim das cerejeiras...». O plano consiste em dividir o jardim em lotes individuais para alugar aos veranistas. Para sair da crise, em suma, é preciso equilibrar a balança colocando recursos improdutivos para dar lucro. E, no movimento incessante do progresso, compreende-se, pouco a pouco destruir toda a beleza do mundo.

O programa não convence a proprietária Ljuba Andreevna: «Cortar o jardim das cerejeiras? Meu caro, me desculpe, mas o senhor não entendeu nada. Se em toda a governadoria há algo digno de interesse, realmente excepcional, é justamente nosso jardim das cerejeiras». E eis, em toda sua tragicidade, o nó dessa farsa: como podemos aceitar renunciar àquilo a que não podemos renunciar? Como podemos abandonar o que chamávamos vida para nos adaptarmos à mera sobrevivência?

«Esse jardim é mencionado no *Dicionário Enciclopédico!*», acrescenta o irmão de Ljuba. Como nossa extraordinária universidade, nosso eficientíssimo sistema de saúde, nossa esplêndida organização urbana, nosso invejável patrimônio cultural, nossos maravilhosos direitos humanos de primeira, segunda e terceira geração: princípios que não podem ser negociados, mas que não sabemos mais como financiar. Por sua vez, Lopachin tem a cínica, fria, duríssima, impiedosa e inexorável razão econômica: «De excepcional em seu jardim há apenas o fato de que é muito grande. As cerejeiras amadurecem uma ou duas vezes por ano, e também assim não se sabe o que fazer delas, porque ninguém as compra mais». E em pouco tempo, entre montes de frutas podres, parece ter caído entre as páginas de Steinbeck, só que com trinta anos de antecipação.

Já o *Oblómov*, de Gontcharov, quarenta anos antes de Tchekhov, mostrava como a alma humana foi a primeira a ser afetada pelas transformações nas relações de produção: aí, a superação das relações latifundiárias russas se encarnava, como um pressentimento, na indolência do herói epônimo, que se deixa arrastar à deriva pela história. A moral é que sempre se pode escapar da crise; o difícil é querer. Também o mundo da casa Ranevskaja está para ser superado: uma nova classe de ricos, cada vez menos ricos e mais numerosos, desmembrará seu jardim e dele fará pequenos e cafoníssimos lotes. É o primeiro vislumbre de uma classe média em expansão em busca de luxos baratos. Entretanto, os antigos patrões afundam, agarrados a seus privilégios. Também nós podemos insinuar nos opor ao destino trágico que nos obriga a permutar a beleza pela razão econômica em nome da austeridade: mas nossas palavras de desconforto não soam diferentes daquelas, extravagantes e bombásticas, de uma herdeira saída de uma farsa do século passado. E não há razão para crer que teremos mais sorte.

Não basta a menção no *Dicionário Enciclopédico* para sair do problema. Tomemos como exemplo, na letra K, o escritor de Praga de língua alemã Franz Kafka. Sua tragédia é contada nos diários, na *Carta ao pai*, e transfigurada nos contos e romances. Kafka sofreu por toda sua vida o conflito entre as próprias aspirações literárias e o nebuloso papel de empregado ao qual o pai Hermann o havia condenado. Os diários expõem a extenuante luta cotidiana de Franz para encontrar tempo e concentração necessários para a escrita, e contos como «A metamorfose» colocam em cena o mal-estar de um homem perenemente fora de lugar, em quem, no tempo da austeridade, é fácil se reconhecer.

Nos diários de Kafka, há muitos indícios para reabrir o caso de sua prematura morte por tuberculose e interpretá-la como um lento e disciplinado suicídio. Em 16 de outubro de 1911, Kafka relata o estupor de um interlocutor «ao vê-lo vestido com roupas tão leves num frio tão intenso». Quatro dias depois escreve: «Provavelmente estou doente por causa de ontem». E descreve prurido, febre, secura da boca, dificuldade respiratória... Pouco depois, discute com a irmã, «embora estivéssemos congelando», por causa de uma janela aberta. Em 24 de outubro admite ter um estranho «desejo por ter uma verdadeira doença», que o «deixe acamado», para ser acudido pela mãe. É possível imaginar a morte de Kafka, treze anos depois, em relação a essa evidente propensão a provocar a doença, talvez para fugir do odioso trabalho no escritório, talvez para tirar alguns momentos para escrever?

O diário de Kafka aparece, desse ponto de vista, como uma sucessão de indícios de um thriller tuberculótico. Se, em vez de argumentar sobre simbologia judaica, os críticos tivessem decifrado a tempo sua trama secreta, num diálogo ideal metatextual, talvez pudessem tê-lo salvado de suas pulsões autodestrutivas e lhe dar alguns conselhos úteis: coma, se cubra, feche as janelas. De modo mais realístico, se o amigo Max Brod não tivesse alimentado suas aspirações, talvez tivéssemos um autor a menos no cânone literário, mas teríamos salvo a enésima vítima da tuberculose. Marcado pela contradição entre as próprias ambições e as próprias possibilidades, Kafka proclama: «Minha educação me prejudicou em muitos sentidos». É o progenitor da classe inadequada, demasiado rica para renunciar às próprias aspirações, como dizíamos, mas muito pobre para realizá-las. Não é que nossa sociedade obstaculize a atividade artística; pelo contrário, incessantemente a promove e, desse modo, cria um excesso de oferta. O segmento em que prolifera esse excesso é sempre nossa cauda longa, entre *user generated content*, selos independentes e *self publishing*. E, nesse sentido, Kafka é o perfeito retrato do homem da crise, que oferece para o mercado uma competência (aqui, a escrita) cuja demanda, alta, é ainda inferior à oferta, altíssima. A presença desse homem no mundo é simplesmente demais, como era demais o jardim das cerejeiras de Ranevskaja. Seu destino comum e inevitável é ser aniquilado.

De novo, é o fantasma de Steinbeck que se insinua: no fundo, parecendo-se também com os personagens de *As vinhas da ira*. Naturalmente, não somos camponeses, mas, dizemos, trabalhadores cognitivos — «uma espécie de mão de obra intelectual», como diz um personagem da *Vida azeda*, de Luciano Bianciardi. A bordo do nosso carro cognitivo vamos para a Califórnia em busca de trabalho. É óbvio que não queremos colher laranjas: Tom Joad é um aspirante a *film-maker*, o irmão, Al, toca numa banda de *indie rock*, a mãe é uma *hacker*, Connie e Rosa querem abrir uma *concept store* vegana e Marty, a zebra, sonha em se exibir num circo. Durante a viagem encontramos centenas de trabalhadores cognitivos como nós, todos se dirigindo à Califórnia, atraídos por panfletos, cartazes e tuítes que prometem trabalho.

Na Califórnia há trabalho, mas com os muitos tuítes chegou muita gente. Um excesso relativo de população, diria Marx, que faz com que o custo e as condições de trabalho decaiam. Alguns, que se danem, bloguem de graça! Outros, quando se convencerem de que aquela é a única coisa que sabem, podem e querem fazer, as farão mesmo em troca de um saco de batatinhas. Talvez, como Kafka, as farão mesmo tendo de se adoentar ou morrer.

Um século mais tarde, a figura de Kafka se massificou e se tornou o paradigma existencial de todo um estrato social, sobrecarregado por necessidades induzidas e condenado a se extinguir como se extinguiu a aristocracia agrária russa. Não é uma profecia apocalíptica: é um processo já em curso, e bem visível nos dados demográficos. Os burgueses ocidentais fazem cada vez menos filhos, ou os fazem mais tarde, porque na maior parte dos casos formar família significa renunciar ao próprio jardim de cerejeiras. Aumentam os anos de estudo, crescem os consumos para realização pessoal, as poupanças são erodidas, diminui a taxa de fecundidade. Tudo para seguir uma quimera?

Hoje, encontramos Kafka sob o aspecto mais improvável de uma heroína que, também ela, produz sua «terrível dupla vida» de artista escondida do pai severo: a Violetta da Disney. Na bem-sucedida telenovela argentina, depois declinada (algo que não aconteceu de propósito) numa série de diálogos dirigidos a um público de garotas pré-adolescentes, Violetta sonha em se tornar uma cantora, mas deve enfrentar inumeráveis obstáculos. Porque, como canta Gianni Morandi, «um em mil consegue». A maior parte das pequenas leitoras de Violetta acabará por deixar de lado os próprios sonhos dentro de quinze anos, e se verá obrigada a passar oito horas diante de uma tela de computador para poder levar um salário para casa. A história se repete como farsa, já recuperada pela indústria cultural como modelo para as massas.

A classe média enfrenta hoje uma degradação de sua situação econômica: precariado, desemprego, dívida... Mas, sobretudo, acerta as contas com sua dependência de valores e aspirações socialmente induzidos que a levaram a se identificar com a figura do burguês. Hoje, trabalham para a produção dessa dependência o sistema educacional e a Indústria Cultural, encorajando os indivíduos à «realização» pessoal, profissional e artística. A partir dos anos do *boom*, Estado e Mercado agem em conjunto para estimular a demanda necessária para fazer funcionar bem um sistema econômico que garante a todos um notável bem-estar material. Mas esse bem-estar material coexiste com uma miséria relativa crescente, como diriam os marxistas, um sentido de anomia que logo se transforma em ressentimento. Da escola ao mundo do trabalho, da universidade às *social networks*, existências inteiras são gastas na acumulação de marcas distintivas que deveriam permitir a autorrealização. Cada um gostaria de se tornar o que, em seu íntimo, já sabe ser. Pelo contrário, de fato, desencadeia-se uma competição infinita entre pares, uma escalada de sacrifícios que empobrece todos. E transforma uma classe relativamente adequada, destinatária de uma cota importante da mais-valia mundial, em classe inadequada.

Em suma, somos vítimas da crise ou culpados por nossas ambições desmesuradas? Tornar-se uma famosa *pop star*! Dedicar a vida à escrita! Possuir vários hectares de terras improdutivas! Ou simplesmente, com mais frequência, encontrar um trabalho decente... Mas então quem sabe o que realmente faríamos se os pais severos e os contadores inflexíveis satisfizessem nossas exorbitantes demandas. É certo que sem Hermann Kafka não haveria Franz Kafka, e sem a «cruel» razão econômica que fica no meio do caminho da arte não haveria, talvez, nem necessidade da arte. Hoje, ninguém lê as obras de Max Brod, que dispunha de recursos suficientes para se dedicar por completo à escrita. E, pelo contrário, um século depois, ainda lemos o escritor boêmio porque nele sentimos se debater uma criatura parecida com a que nos habita; porque nos fala, mais uma vez, do eterno conflito entre realidade e ideal.

A classe inadequada será inteiramente consumida. Resta-lhe uma só tarefa: testemunhar.

CONSIDERAÇÕES DE UM JOVEM POR OCASIÃO DA ESCOLHA DE UMA PROFISSÃO, DE KARL MARX [13]

Este breve escrito — uma redação em alemão para o diploma do ensino médio — é o primeiro texto conhecido de Karl Marx, que na época tinha dezessete anos.

A própria natureza determinou uma esfera de atividade na qual os animais devem se mover, e eles pacificamente se movem dentro dessa esfera, sem tentar ir além nem sequer suspeitar de outra. Também para o homem a divindade concedeu um objetivo geral, o de enobrecer a humanidade e a própria divindade. Mas ela deixou para o homem a tarefa de buscar os meios pelos quais esse objetivo pode ser alcançado, deixou para os homens o trabalho de escolher, na esfera social, a posição mais adequada a cada um, a partir da qual poderia elevar a si mesmo e a sociedade.

---

13   Há uma tradução (a partir da versão inglesa) para o português, e com a qual cotejamos, disponível em: <https://www.marxists.org/portugues/marx/1835/08/16.htm>. [N. T.]

Essa escolha é um grande privilégio do homem perante o resto da criação, mas, ao mesmo tempo, é um ato que pode destruir sua vida, arruinar seus planos e fazê-lo infeliz. Ponderar com seriedade acerca dessa escolha é, portanto, a primeira tarefa de um jovem que está começando sua carreira e que não quer deixar suas questões mais importantes ao acaso.

Todos possuem um objetivo em vista, que ao menos para o possuidor parece ótimo, e realmente é quando sua mais profunda convicção, a mais profunda voz de seu coração, assim lhe diz. Isso pois a divindade nunca deixa os homens totalmente sem um guia, ela fala com voz suave, mas segura.

Mas essa voz pode ser facilmente afogada, e aquilo que tomamos como inspiração pode ser produto do momento, que outro momento pode, talvez, destruir. Nossa imaginação, às vezes, é incendiada, nossas emoções agitadas, fantasmas voam diante de nossos olhos e nós mergulhamos de cabeça nas mais impetuosas sugestões do instinto, as quais imaginamos que a própria divindade nos apontou. Mas aquilo que nós ardentemente abraçamos logo nos repele e vemos toda a nossa existência em ruínas.

Devemos, portanto, examinar com rigor se realmente fomos inspirados na escolha de nossa profissão, se nossa voz interior aprova isso, ou se essa inspiração é uma ilusão e o que tomamos como um chamado da divindade foi apenas engano íntimo. Mas como podemos reconhecer essa ilusão sem rastrear a fonte da própria inspiração?

A grandeza resplandece, e esse brilho desperta ambição, essa ambição pode facilmente ter produzido a inspiração, ou aquilo que tomamos como inspiração; mas a razão já não pode conter o homem que está tentado pela fúria da ambição, e ele mergulha de cabeça no que esse impetuoso instinto sugere: ele já não escolhe sua posição na vida; em lugar disso, sua posição é determinada pelo acaso e pela ilusão.

Não somos chamados a adotar a posição que nos oferece as mais brilhantes oportunidades, essa não é aquela que, ao longo dos anos que talvez a mantenhamos, nunca irá nos cansar, nunca irá amortecer nosso zelo, nunca irá deixar nosso entusiasmo crescer frio, mas aquela na qual nós, em breve, veremos nossos desejos insatisfeitos, nossas ideias insatisfeitas e então nos encheremos de rancor contra a divindade e amaldiçoaremos a humanidade.

Mas não é apenas a ambição que pode despertar entusiasmo repentino por uma profissão em particular, nós talvez a tenhamos embelezado em nossa imaginação e é em razão desse embelezamento que isso nos parece o que a vida tem de melhor a oferecer. Nós não a analisamos, não consideramos seus encargos totais, vimos a grande responsabilidade que nos impõe apenas de uma grande distância, e distância é algo enganoso.

Aqui, nossa própria razão não pode nos guiar, pois ela não é baseada na experiência nem na observação profunda, sendo enganada pela emoção e cegada pela fantasia. Para quem então devemos nos voltar? Quem pode nos ajudar quando nossa razão nos trai?

Nosso coração nos diz que são nossos pais, que já atravessaram a estrada da vida e experimentaram a severidade do destino.

E, se mesmo assim nosso entusiasmo persistir, se nós continuarmos a amar uma profissão e crer que somos chamados para ela, mesmo após examiná-la a sangue-frio, após termos considerados seus encargos e estarmos familiarizados com suas dificuldades, então deveremos adotá-la, assim nem somos enganados pelo entusiasmo nem somos arrastados por uma precipitação.

Mas nem sempre somos capazes de atingir a posição para a qual acreditamos sermos chamados; nossa posição dentro da sociedade, até certo ponto, já está delineada antes mesmo de estarmos em condições de determiná-la.

Nossa própria constituição física é frequentemente um obstáculo ameaçador, que não deixa ninguém burlar seus direitos.

É verdade que podemos tentar passar por cima disso, mas então nossa queda será ainda mais rápida, estaremos nos aventurando a construir em cima de ruínas, assim toda nossa vida será uma infeliz luta entre o princípio mental e o físico. Mas quem é incapaz de reconhecer os elementos conflitantes dentro de si próprio, como pode resistir ao tempestuoso estresse da vida, como pode agir calmamente? E é a partir da calma, sozinha, que grandes atos podem surgir, ela é o único solo onde frutos maduros se desenvolvem com sucesso.

Apesar de não podermos trabalhar por muito tempo e, raramente, felizes com uma constituição física que não é adequada à nossa profissão, o pensamento de sacrificar nosso bem-estar pelo dever, de agir vigorosamente apesar de sermos fracos, continua a surgir. Mas, se nós escolhermos uma profissão para a qual não possuímos talento, nunca poderemos exercê-la dignamente; logo perceberemos, humilhados, nossa incapacidade e diremos para nós mesmos que somos criaturas inutilmente criadas, membros da sociedade incapazes de cumprir sua vocação. Assim, a mais natural consequência é autodesprezo, e qual sentimento é mais doloroso e menos capaz de ser compensado por tudo o que o mundo exterior pode oferecer? O autodesprezo é uma serpente que rói o peito, suga o sangue vital do coração e mistura-o com seu veneno de misantropia e desespero.

Enganar-se a respeito dos próprios talentos para uma profissão, mesmo que a tenhamos examinado de perto, é um erro que se vinga de nós, e mesmo que não encontremos a censura do mundo, isso faz surgir uma dor mais terrível em nosso coração do que a dor infligida pela censura do mundo.

Se nós considerarmos tudo isso, e se as condições de nossas vidas permitirem que escolhamos uma profissão que nos agrade, então poderemos adotar aquela que nos assegura maior dignidade, aquela baseada em ideias de cuja veracidade estamos completamente convencidos, que nos ofereça o âmbito mais amplo para trabalharmos pela humanidade e para chegarmos perto do objetivo geral para o qual cada profissão é apenas um meio: a perfeição.

A dignidade é o que, mais do que qualquer outra coisa, eleva o homem, que confere a suas ações e seus esforços a mais alta nobreza, que o faz invulnerável, admirado pelas multidões e elevado acima delas.

Mas dignidade apenas pode ser assegurada por uma profissão de que não sejamos apenas ferramentas servis, mas na qual ajamos de forma independente e autônoma. Só pode ser assegurada por uma profissão que não demande atos repreensivos, mesmo que repreensivos apenas na aparência, uma profissão em que o melhor pode seguir com nobre orgulho. A condição que, mais do que qualquer outra, nos assegura isso tudo, no mais alto grau, nem sempre é a mais alta, mas sempre é a mais preferível.

Entretanto, assim como uma condição sem dignidade nos humilha, por certo sucumbiremos sob os fardos de uma que se baseie em ideias que mais tarde reconheceremos como falsas.

Não vemos então outra salvação senão no autoengano, e quão desesperada é uma salvação que consente que enganemos a nós mesmos.

Essas profissões que não são tão envolvidas com a vida quanto são preocupadas com verdades abstratas são as mais perigosas para um jovem cujos princípios ainda não são firmes e cujas convicções ainda não são fortes e inabaláveis. Ainda assim, essas profissões podem parecer as mais exaltadas caso tenham raízes profundas em nossos corações, e se formos capazes de sacrificar nossas vidas e esforços pelas ideias que nelas prevalecem.

Elas podem conceder felicidade a quem tem vocação para elas, mas destroem quem as adota precipitadamente, sem reflexão, cedendo aos impulsos do momento.

Por outro lado, a grande consideração que temos pelas ideias sobre as quais se funda nossa profissão nos dá uma posição mais elevada na sociedade, aumenta nossa dignidade e torna nossas ações incontestáveis.

Quem escolhe uma profissão que valoriza muito, estremecerá à ideia de ser indigno dela, e só por isso irá agir de maneira nobre, pois nobre é sua posição na sociedade.

Mas o guia que deve nos conduzir na escolha de uma profissão é o bem da humanidade e nossa própria perfeição. Não se deve pensar que esses dois interesses possam estar em conflito, que um tenha de destruir o outro; pelo contrário, a natureza do homem é constituída de tal modo que ele apenas pode alcançar sua perfeição trabalhando pela perfeição, pelo bem, do mundo em que se encontra.

Se trabalhar apenas para si, ele até pode se tornar famoso, um grande sábio, um excelente poeta, mas jamais poderá ser um homem realizado e verdadeiramente grande.

A história chama de grandes esses homens que se enobreceram trabalhando pelo bem comum; a experiência aplaude como os mais felizes aqueles que fizeram o maior número de pessoas felizes. A própria religião nos ensina que o ser em quem todos devem se espelhar se sacrificou pelo bem da humanidade, e quem se atreveria a desconhecer esses juízos?

Se escolhermos a profissão na qual podemos trabalhar pela humanidade, nenhum encargo irá nos pôr para baixo, pois esses encargos são sacrifícios pelo bem de todos; desse modo, não experimentaremos alegria mesquinha, limitada e egoísta, mas nossa felicidade irá pertencer a milhões, viveremos de ações silenciosas mas em constante trabalho, e sobre nossas cinzas serão derramadas quentes lágrimas de pessoas nobres.

Marx
12 de agosto de 1835

AGRADECIMENTOS

As reflexões sobre a classe inadequada a partir das quais nasce este livro começaram em 2009 em vários sites e revistas, e por isso devo agradecer a Stefano Borselli, Gherardo Bortolotti, Cristiano de Majo, Marco Filoni, Andrea Inglese, Valerio Mattioli, Andrea Pergola, Christian Raimo (que encorajou fortemente a publicação), Antonio Sgobba, Timothy Small e Antonio Vigilante. Agradeço também a Erica Berla, que espera este primeiro livro há uma década.

Pela leitura atenta e pelos conselhos preciosos nesses anos, devo agradecer em particular a Federico D'Onofrio; e depois a Giacomo Bencistà, Erik Boni, Sara Catenacci, Riccardo Chialastri, Cristina Crippa, Dahlgren, Paola di Mauro, Mariabruna Fabrizi, Stefano Fera, Magdalena Giuli, Federico Gnech, Diego Ianiro, Silvio Lorusso, Fosco Lucarelli, Valerio Mele, Paolo Mossetti, Bertram Niessen, Francesco Pedano, Flavio Rossi, Diego Viarengo, Luigi Walt, bem como ao saudoso Valter Binaghi, com todos os comentadores que ao longo dos anos me chamaram de reacionário, veteromarxista ou selvagem liberal.

Agradeço aos participantes dos seminários sobre a classe inadequada de Paris e Roma, que enriqueceram a reflexão e deram indicações, em particular Gilles Gressani (o primeiro motor), Denise Celentano (sobre as classes), Nicola del Santo, Bianca Maria Esposito (sobre o ressentimento), Antonio Mosca, Giulio Pannunzi, Vittorio Parisi (sobre a arte da classe inadequada) e

Andrea Procaccino. Os trabalhos continuam e logo se tornarão um novo livro, dessa vez coletivo.

Por ter falado aqui e ali destas ideias que começavam a tomar forma, agradeço a Carlo Mazza Galanti, Claudio Giunta, Sebastiano Iannizzotto, Alessandro Lolli, Davide Lombardi, Alessandro Longo *aka* Bispensiero, Valentina Rivetti, Antonio Vannini e Fundação Elia Spallanzani.

Um caloroso encorajamento àqueles que se comprometeram a me refutar, de Valério Mattioli a Luca Simonetti, com a esperança de que continuem a alimentar o debate. Não posso me calar sobre a contribuição que deram para tornar este texto melhor do que estava no início.

Comecei a escrever este livro como um absoluto *outsider*, como um ataque suicida à cidadela da Cultura, e dessa condição, hoje já perdida, o livro é um rastro.

A *Teoria da classe inadequada* voltará em breve num livro chamado A *guerra de todos*.

Paris, julho de 2017

TROTZDEM

١ *Estrangeiros residentes* Donatella Di Cesare
٢ *Contra o mundo moderno* Mark Sedgwick
٣ *As novas faces do fascismo* Enzo Traverso
۴ *Cultura de direita* Furio Jesi
۵ *Punir* Didier Fassin
۶ *Teoria da classe inadequada* Raffaele Alberto Ventura

Composto em Lyon Text e Placard
Impresso pela gráfica Rede
Belo Horizonte, 2022